ちくま文庫

シャネル

その言葉と仕事の秘密

山田登世子

筑摩書房

シャネル——その言葉と仕事の秘密

はじめに

シャネルの服を着たことは一度もない。これからもきっと着ることはないと思う。ハンドバッグは幾つか持っている。シャネルの代表的アイコンともいうべき金のチェーンのマトラッセから大きなトートバッグまで、カンボン・ラインやマドモアゼル・ラインのものを所持している。

けれどそれも、愛用しているというより所持しているという方がぴったりで、思い出したように使うのは年に何度かだけ、あとはワードローブの奥で眠っている方が多い。そもそも買った動機が不純だからだ。ふつうシャネルのバッグを持っているといえば、好きなブランドだからというのがごく自然だと思うのだが、私の場合、シャネルは「研究資料」なのである。

勤め先の大学でファッション・ブランド論を担当するようになってから一〇年あま

り、ブランド関連資料やシャネル論なら多々所持して読んでいるが、実際にシャネルの店を一度ものぞこうとせず、何一つ商品も使わないのでは今ひとつリアリティがわからないのではないかと思いはじめたのである。たとえば自動車産業論の本を書くとしたら、まず自分が自動車を運転してみないことには始まらないのではないだろうか。ブランド論についてもきっと同じで、シャネル製品を一点も持っていないのでは「研究」がすたる……。

そう思いはじめて、ある日銀座店に足を踏み入れたのがきっかけだった。現物を見ると、さすがにシャネルはおしゃれ。高価だけどつい欲しくなる。こんどは主客転倒になり、ふくらむ消費欲望の口実に、「研究のため」と言い聞かせ、一つまた一つと買い重ねたのが本当のところかもしれない。

前置きが長くなったが、とにかく私はいわゆるブランドとしてシャネルが大好きというわけではないのである。

そう、わたしが初めて出会ったシャネルは服でもバッグでもなかった。それは、目が覚めるようなシャネルの「言葉」の数々だった——もう一〇年以上も前、ポール・モランのシャネル伝《L'allure de Chanel》を初めて読んだとき、からだを走ったあの衝撃は今も忘れない。火のように激しく、毒あるシャネルの言葉の数々が胸にとびこんできた。

「モードは芸術ではない。商売だ」

「モードは死ななければならない、それもできるだけ早く。早く死んでくれるほどビジネスにとってはありがたい」

「オリジナリティなんかに惑わされては駄目」

ファッション・ビジネスに徹した言葉が矢のような勢いで彼女の口をついてでる。シャネルはファッションを芸術だと思っていた同時代のデザイナーたちに辛辣な批評の矢を放ちつつ、自分のファッション哲学を語り続けるのである。その批評の小気味良さ。しかも二〇世紀のスピリットを鋭く表現するリアリティ……。

「私が顧客にしたのはアクティブな女性たちだった。活動的な女性には着心地の良い服が必要なのよ。袖をまくりあげられるようじゃなきゃ駄目」

二〇世紀のどのフランス作家よりもシャネルの言葉に惹かれた私は、モランのシャネル伝を何度も読みかえし、そらでいえるほどシャネルの言葉をかみしめた。そして、既訳にあきたらず、その伝記を自分の言葉で日本語にしたいと思い、チャンスを得てついにその願いを現実のものにしてしまった。本の版権はとれないが文庫の版権ならとれるかもしれないと、版権交渉にのりだしてくれた編集者にめぐりあったのである。私はありったけの力をふりしぼって翻訳にあたった。できあがった新訳『シャネル――人生を語る』(中公文庫、二〇〇七年)は長年わたしがこの稀代のクチュリエに抱いてきたオマージュの結晶だといってもいい。

まったく、シャネルの語るファッション哲学やブランド・ビジネス論は、どんな服やバッグよりすごいと思う。香水「ナンバー5」はまぎれもなく二〇世紀を象徴する名香だが、シャネルの言葉からはそれ以上の二〇世紀論のエッセンスが香りたつ。たとえば彼女は言う。「フランスには大衆《マス》のセンスが欠けている」と。まったくもって真実だと思う。

シャネルにそんな的確なフランス評ができたのは、フランス人にしてはめずらしく彼女が「マス」のセンスをそなえていたからである。だからこそシャネルのスーツも香水も「マスの大国」アメリカで爆発的な人気を呼んだのだ。

しかもシャネルはそれでいて「二重底」にできているのがまたすごい。そうして「マス」を礼賛し、アメリカ市場を征服する一方で、シャネルは同時にまた「マス」

の手に届かないラグジュアリーの本質をよく承知していたのである。この意味ではシャネルはあくまでヨーロッパ出自のブランドだ。マスにアピールしつつ、しかもマスを超えた憧れのオーラを保ち続けること――実業家シャネルはこの至難の業に長けていた。だからこそシャネル・ブランドはマスカルチャーの世紀が終わった後にもなお夢の輝きを保ち続けている。

こうしてきらめくシャネルの言葉たちを宝石箱から取り出すように引用しながら、これまでシャネルについていろいろな本に書いてきた。初めてシャネルに出会った感動をそのまま綴った小論が「シャネル　皆殺しの天使」。ファッション論『モードの帝国』（ちくま学芸文庫）に収めたのはもう十数年前のことになる。それから私の関心はしだいにファッションからブランドへとシフトを変えた。シャネルのモード革命もすごいが、ブランド革命においても、いやブランド革命においてこそ、シャネルのコンセプトは他のすべてのクチュリエたちを向こうにまわして際立っている。シャネルこそ、帝室御用達に始まる一九世紀ブランドを一から刷新した二〇世紀ブランドの立役者なのである。

そのシャネル・ブランドについて、二冊の本でふれた。一冊は『ブランドの世紀』

（マガジンハウス）。二一世紀を迎えようとする世紀の変わり目の二〇〇〇年に二〇世紀論をまとめた本で、シャネル論のタイトルは「シャネルのアメリカ」。二〇世紀はアメリカの世紀であり、そのアメリカをマーケットにしてブランド・ビジネスを成功させたシャネルを論じたものである。

その小論を書き終えて、ますますブランドへの関心が深まり、あわせてラグジュアリー・ブランド全般へと問題関心が広くなった。そうして書いたブランド論『ブランドの条件』（岩波新書）では、シャネルとルイ・ヴィトン、エルメスとの比較研究を試みた。後二者が王侯貴族を顧客にした一九世紀ブランドであるのにたいし、いかにシャネルが大衆《マス》にアピールする二〇世紀ブランドであるのか、シャネル・ブランドの「スタンス」にあらためて目がひらかれた。

こうしてふりかえってみると、私の関心は、トップデザイナーとしてのシャネルから起業家としてのシャネルへと深まっていったといってもいいかもしれない。おそらく史上初の「女性起業家」であるシャネルのライフスタイルは今なお目をみはらせる。恋多き日々を送りながら、生涯シングルで働き続け、男より仕事を選び、八七歳で息をひきとる前日まで現役で働き続けたシャネルの生涯は、二〇世紀というよりむしろ二一世紀を先取りしているとさえ思う。彼女の成功の秘密は、その自分のライフスタイルをそっくりパッケージして商品に変えたことにあるのだ。どんな男性起業家にも真似のできないシャネル・ブランドの強さがそこにある。

シャネルのその強さは、そのまま「女」のそれに重なっている。ファッションという時代の鏡をとおして見えてくるのは「時代の風」のゆくえだ。シャネルをとおして見えてくるのは、二〇世紀から吹きはじめた「女寄り」の風が二一世紀の今もなおいっこうに止みそうにない趨勢である。この一〇〇年のあいだ、女は強くなった。家の外に出て働くのはいつしか自明のことになり、家事から解放されて働く女たちは、がむしゃらに働くのではなく、それこそ、華やかなブランドの一つや二つでも身につけて、エレガントでありたいと願っている。キャリアをもって、しかも美しく——ココ・シャネルは二一世紀の現在ようやく定着しつつあるこのライフスタイルを、一〇〇年早く身につけた先駆者である。ふたたびシャネルの言葉。

「わたしはロビンソン・クルーソーのように必要にかられてモードをつくりだした」

きちんと手の入るポケット、両手が自由になるショルダーバッグ、何より自分の足で颯爽と歩ける丈のスカート。すべてシャネルが機能と美、「はたらくこと」と「エレガンス」を両立させようとして創造したファッションである。

女が女のためにつくりだしたスタイル――シャネル・ブランドの強みは一にかかってそこにある。先にもふれたとおり、シャネルは自分のライフスタイルをそのままそっくり商品化した初のビジネスウーマンだった。この意味で、シャネル・ブランドの特色は短く要約できる。すなわち、「女による女のためのモード」――ここにこそ、一九世紀から続いてきた「男性クチュリエによる女のモード」をラディカルに覆す破壊力の源泉がある。シャネルはそれまで男だけが築いてきたブランド帝国を、女のために、女の側から切り崩してブランド革命を成し遂げたのだ。

事実、男の財力によって飾り立てた女のファッションをシャネルほどラディカルに否定したクチュリエはいない。金持ちマダムが身につけた宝石を指してシャネルは言った。

「首のまわりに小切手をぶらさげるなんてシックじゃないわ」

「男による、男のための女のモード」をこれ以上皮肉に愚弄する言葉があるだろうか。皆殺しの天使。ポール・モランはこのシャネルを指してそう言った。まさにそのとおり、ココ・シャネルは、それまでの一九世紀ファッションを、ブランド・コンセプトもろとも葬送して刷新をやってのけたテロリストであった。

女だからできたそのテロルの力業の数々を、コンパクトに語るのが本書の狙いである。これまでいろいろな本でシャネルを語りながら、「まるごと一冊シャネル」という本は一度も書いていない。一冊でシャネルの必殺のエッセンスを伝えること——もちろんシャネルの言葉を通して——それが本書の目的である。

シャネル——その言葉と仕事の秘密　目次

第1章　贅沢革命1――アンチ・ゴージャス

1 「金ピカ」葬送

「高価」が贅沢?

いま、本当の贅沢とは何だろうか——そんな問いが心にわだかまっている。わたしひとりだけでなく、高齢化社会で消費のターゲットとみなされている団塊の世代はみなそうではないだろうか。高度成長期に青春を送り、ハングリーから「過剰富裕化」まで、ひととおりを経験してきた世代は、もはやハングリーな消費欲望に目を奪われていない。ロハス人気にも表われているように、時代のマインドは「成熟」と「本物」をめざして思考を深めているようにもみえる。

それにしても、いったい何が本物の贅沢なのか。贅沢とはいったい何か。

答えを考える前に、むしろこの「問い」そのものを問いかえすことから始めたいと思う。というのも、実はこの問い、初めてのものではないからだ。時代が新しくなり、世紀が新しくなるたびに、「贅沢」の意味が問われる。

時をさかのぼることおよそ一〇〇年、一九世紀が終焉をむかえ、二〇世紀の幕があがろうとする境で、やはり贅沢の意味が問われた。

問いを放ったのはほかでもない、ココ・シャネルである。

まだクチュリエとして名をなす以前、若き彼女の目に映ったのは、貴族や一部の富裕な特権階級の女たちが華美な衣装に身をつつみ、そのゴージャスさを競いあっている光景だった。第一次大戦前、当時のハイライフの舞台であった競馬場に集う女たちのファッションをふりかえって、シャネルは次のように評している。

一九一四年以前の競馬場ときたら！（……）装飾過剰が女たちのからだのラインを殺し、まるで熱帯雨林の寄生植物が樹木を殺すみたいに、ゴテゴテした飾りがからだを押しつぶしていた。女はもはや金を使うための口実にすぎず、レースやら黒テンやらチンチラやら、ひどく高価な素材の口実になってしまっていた。あまりにもこみいった模様や、レース、刺繡、紗、裾飾り、縫い飾りなどを使いすぎて、女のファッションは時代遅れのフランボワイヤン様式の芸術みたいになっていた。

レースから毛皮まで、金のかかった「高価な素材」がこれでもかとばかりに使われている。その贅沢は、金がかかっていることを人に見せるためのものだ。むろんその金をだすのは男、つまり夫か愛人であって、女の衣装は男たちが富をひけらかす「口実」にほかならない。ここでシャネルが指弾の的にしているのは、ヴェブレンの『有閑階級の理論』のいう、あの「顕示的消費」、見せびらかしのための消費そのものである。

ジャージーに栄光を

シャネルにとってこのような「金ピカ」ファッションの光景は我慢ならないものだった。このような浪費は本当の贅沢ではない――シャネルのモード革命はこうした金ピカの世界を拒絶することから始まる。本当の贅沢が到来するためには、まちがった贅沢が消滅しなければならない。皆殺しの天使のモード革命は「否定」から始まったのである。

彼女は言う。

いったいなぜわたしはモードの革命家になったのかと考えることがある。自分の好きなものをつくるためではなかった。何よりもまず、自分が嫌なものを流行遅れにするためだった。わたしは自分の才能を爆弾に使ったのだ。わたしには本質的な批評精神があり、批評眼がある。ジュール・ルナールが「わたしには確かな嫌悪感がある」と言っていたあれね。

この批評精神をもって、シャネルは高価な素材にノンをつきつけた。シャネルの強さ、それは、特権階級のファッションにたいして何一つ憧れを抱かなかったことだ。それどころか、「嫌悪感」とは痛烈な否定の意思である。

わたしはギリシアのリュクルゴスのようにばっさりと、豪華な布地を抹殺した。美しい生地はそれじたいで美しいが、ドレスに金をかけると、かけただけ貧しくなる。

この「否定」を高くかざすかのように、シャネルはそれまでモードの表舞台に決して登場したことのない地味な素材を選び取る。ジャージーという貧しい素材を。

それまでジャージーは下着にしか使われたことがなかったが、わたしはあえて表地に使って栄光を授けた。

高価なレースや毛皮の対極にあるジャージー――この地味な素材こそ、シャネル・モードの出発点にあったものである。シャネルの生涯を逐一たどるのは本書の課題ではないが、その贅沢革命の中核をなすこの素材について、いま少し詳しくふれておこう。

女のからだを自由にする

一九一三年、三〇歳になっていたシャネルは英仏海峡に面した避暑地ドーヴィルに店を開く。イギリス人の恋人アーサー・カペルが出資を請け負ってくれたのだ。迫りくる大戦の足音をよそに、このリゾート地には富裕な避暑客たちが夏を過ごしにやってきていた。パリとはちがって海辺の避暑地にはヴァカンス特有の「くだけた」雰囲気があった。ドレスから装身具からヒール、日傘から手袋にいたるまで装飾過剰なパリ・モードにたいし、もっと「リラックス」した装いを求める空気がただよっていた。

自分の好きなもの以外は着ようとしないシャネルはこの地で早や自分のスタイルを見いだしていた。そう、彼女はここドーヴィルで未来のジャージーを見いだしていたのである。いったいどこから？　恋人のクローゼットの中、そして、それ以上にその厩舎の中から。

厩舎はすでにシャネルにとって親しいものだった。カペルの前の愛人バルサンもまたサラブレッドの育成を手がけるほど馬に夢中な青年である。彼のつきあいはほとんど乗馬仲間であり、カペルもその一人だった。若きココにとって乗馬はごく身近なスポーツだったのだ。しかも彼女は、当時の女性がそうだったような長いスカートではなく、紳士仕立ての乗馬服——というより厩務員と同じ仕立ての乗馬ズボン——をはきこなしていた。

そんなシャネルがドーヴィルで見つけだしたもの、それは「ニット」である。後年シャネルはその発見を次のように語っている。

ある日、わたしはなにげなく男もののセーターを着た。寒かったもので。それはドーヴィルのことだった。そして（ウェストのところを）ハンカチで結えた。わたしは英国人たちと一緒だったが、彼らのうちだれもわたしが男物のセーターを着てるとは気づかなかった。（……）わたしは彼らがポロをやるのを見ていた。そのセーターが彼らのうちのだれのものかも知らなかった。柳製の椅子においてあったものをちょっと失敬したのだから。八月の終わりごろだったと思う。人々は戦争の話をしていた。（マルセル・ヘードリッヒ『ココ・シャネルの秘密』山中啓子訳、ハヤカワ文庫、一九九五年）

もしかして、それは恋人カペルのセーターだったのかもしれない。いずれにしろそれは、おしゃれなモードに使われるなど夢にも考えられないような実用的な素材だった。そして、この「ニット」はすでに未来のジャージーであった。なぜならそれは、伸縮性に富んで、からだの動きを楽にする素材だったからだ。それこそ、シャネルがずっと求めていたものだった。

「わたしはジャージーを発明して、女のからだを自由にした」「レースやコルセットや下着や詰め物で着飾って、汗をかいていたからだを自由にしてやったのよ」

コルセットをはめられ、装飾にかざりたてられて自由を奪われた衣装、それこそシャネルが一掃しようとしたものだ。機能的なジャージーは彼女にとって「解放」の衣装であった。そんなジャージーは当時、馬の調教師たちの衣服に使われていたものだ。「厩舎」はシャネルにとって理想の素材を見いだせる場所だったのである。

厩舎のファッション

シャネルのコンセプトはつねに「自分自身の着たい」服である。実際、この時期、ニットやジャージーの服を着てリゾートを楽しむシャネルの写真が何枚も残っている。カーディガン風にはおったトリコットの上着にそろいのベルトをゆったりとしめ、同じ素材のゆるいスカートをはいた姿はいかにものびのびとしている。

当時にしてはまったく前例のないシャネルのそのスタイルが、ドーヴィルの貴婦人たちの人気を呼びはじめる。初めはものめずらしさから。すでに三年前からパリに開いた帽子店で少しは名を知られていたシャネルだったが、ここドーヴィルでは、パリよりリラックスした装いがうける地の利があった。しかも、店を手伝いに来た妹と若き叔母のアドリエンヌは、シャネルのデザインした帽子とリゾートウェアを身につけて毎日のように浜辺を散歩した。これがモデル効果をもたらしてシャネルの店は評判を高めてゆく。

けれども、シャネルの店が大幅に売れ行きをのばしたのは翌年の一九一四年、大戦勃発の年である。富裕な階級の貴婦人たちが大挙してパリからこの避暑地に疎開してきたのだ。戦争の知らせに旅の準備もそこそこに着いた客たちは、ろくに衣装の準備もなく、物資も欠乏していた。金と暇にあかせた華麗なオートクチュールがはやるような雰囲気ではもはやなかった。シャネルの店は、まさにそんな客に求められるものを提供したのだ。簡素で実用的なシャネルの装いは、時にかない、理にかなっていた。

ドーヴィルにはクチュリエがいなかったので、やがては服を売ることも考えなければならなくなった。店には帽子づくりしかいなかったが、急遽《きゅうきょ》、彼女たちを縫い子に変えた。そのうち布地が払拭してきたので、調教助手たちが使っているジャージーや、調教師のトリコットを裁断して服をつくった。自分自身が着ていたからだ。戦争の夏の終わり頃には、金貨で二〇万フランも稼いでいた。……それればかりではない、厩舎のファッションが競馬場のファッションに勝ったのだ！

「競馬場のファッション」に勝利した「厩舎のファッション」――その素材を、シャネルはずっと忘れなかった。二年後、彼女はついに求めていたものに出会う。ロディエという服地メーカーが、スポーツ用品のためにジャージー生地を作っていたのである。試験的に作られた生地は、ベージュという地味な色目もあって、どのクチュリエも仕立屋も欲しがらないしろものだった。そうして倉庫に放っておかれたストックにシャネルは出会ったのである。機械織りのジャージーは手編みニットとちがって量産がきき、縫製が可能である。それこそシャネルが求めていたものだった。

同じ年、シャネルは南仏のリゾート地ビアリッツにも店をだす。もはや帽子の店ではなく、れっきとしたクチュールのメゾンである。すでにシャネルはそこで三〇〇人もの職人を使いこなすまでになっていた。この年、高級モード誌『ハーパーズ・バザー』に初めてシャネルの服が掲載される。もちろん素材はジャージー。戦時下のことで大きな反響はなかったが、明らかにそれは未聞のクチュリエのモード革命の始まりを告げていた。

贅沢を隠す

シャネルの出発点に「厩舎のファッション」があったのは象徴的な出来事だといっていい。シャネルの「英国びいき」を語っているからである。乗馬にしろ競馬にしろ、馬の本場はイギリスである。若きココの愛人バルサンは種馬育成を手がけたほどだし、初恋のカペルはイギリス人だ。シャネルにとって「イギリス流」はごく親しいものだったのである。

実際、シャネルの贅沢革命にはイギリスの影響が少なくない。セーターという素材もそうだが、「抑制」の美意識もまたそうである。フランスに比較するとき、イギリスは派手さより地味さを好む。ダンディズムはまぎれもなくイギリス流の美意識である。けばけばしい富の顕示を抑止して、内に力を秘めること。メンズの領域にヒントを得たシャネルのモードは、素材だけでなくその美学においてもダンディズムに通じている。ベージュという地味な色にもよく表われているように、派手派手しく「見せること」に腐心していた女性ファッションの領域に、シャネルは初めて「抑制」をもたらしたのである。

派手さを抑えること。この抑制の美学は、時にさらに徹底して「隠蔽の美学」にいたる。つまり、金のかかる素材をあえて隠して裏地にもってゆくのである。その典型があの有名なコートのデザインだろう。高価な毛皮のコートはゴージャス・ファッションのシンボルともいうべきものであって、高級娼婦たちは宝石のように毛皮のコー

ツィード・スーツのシャネル。ジャージーの延長上にツィードがあった
Photo by Bettmann/Getty images

トを見せびらかしたものだ。その見せびらかしにノンを言ったシャネルは毛皮をあえてコートの裏地に張って、表から見えないようにした。高価なものは隠すこと。アンチ見せびらかしのこの美学を、シャネルはこう語っている。

大袈裟なのは個性を殺すのよ。表面的なものはみな値打ちを下げてしまう。あるアメリカ人はこう言ってわたしをほめたけれど、とてもうれしかったわ。――これほどの金を使いながら、それを見せないようにするなんて！

2　新品はチープ

アメリカン・ライフ

それにしても、ここでシャネルの「抑制の美学」に感嘆の声を放っているのがアメリカ人であるのは興味深い。

贅沢とは何かを考えるとき、一九世紀と二〇世紀、そして二一世紀という時代の差異もさることながら、新大陸と旧大陸という二大政治勢力の差異も大きいからである。

実際、シャネルのもう一つの強みは、よく「中華思想」と呼びならわされるフランス中心主義に染まっていなかったことだ。イギリスと親しんだシャネルは、アメリカにも愛された。シャネルが同時代のクチュリエと大きく水をあけて世界的ブランドになった一因は、新大陸のテイストを知っていたかどうかのちがいが大きい。シャネル・ファッションはアメリカ人に絶大な評価をうけた。その事実のもつ別の意味は後でふれるとして、ここで注意したいのは、アメリカン・テイストとヨーロッパのそれとの差異である。

クチュリエとして、シャネルは新大陸の「新し好き」を知っていた。シャネルが新しいコレクションをだすと、はるばる海をわたってその新型を買いにやってくるバイヤーは圧倒多数がアメリカ人だった。その理由はまず第一に、そうやってシャネルを買えるほどにアメリカ人が裕福だったという単純な事実である。未曾有の繁栄を享受した二〇年代のアメリカはまさに「世界の金持ち」だった。フォード社が大衆車T型フォードを売りだしたのがまさにこの時代、人々は車のあるスピーディな生活を享受してゆく。豊かな大衆消費社会の幕開けである。

三〇年代、シャネルはこのアメリカに招かれてアメリカン・ライフをつぶさに経験したことがあった。あのドーヴィルからおよそ二〇年、カンボン通りのメゾンはいまや押しもおされもせぬトップ・ブランドの地位を築き、シャネルは全盛期にあった。ハリウッドのプロデューサーがそのシャネルに映画衣装をつくらせようともくろんだのである。渡米したシャネルの目に映った「豊かな社会」は、「新品消費」の社会だった。そして、シャネルにとってそれは、まさに「贅沢の反対」以外の何ものでもなかった……。

そのときの経験をシャネルはマルセル・ヘードリッヒにむかってこう語っている。ヘードリッヒは『マリ・クレール』の編集長を務めたこともあるジャーナリスト、晩年のシャネルの話相手をつとめ、聞き書きをまとめてシャネルの死後に出版した。シャネルの言葉を引用しよう。

わたしにとっての贅沢は、よく仕立てられた服で、一つのコスチュームが五年ぐらいはちゃんともって、着られるものだ。古くて、使い古したものというのが、わたしの夢だ。アメリカでは何でも捨てる。だからしっかりしたものは何もない。洗いもしないし、洗いに出しもしない。一度ドレスを洗いに出したことがあるけれど、ボタンが一つしか残っていなかった。これがアメリカだ。贅沢の反対、チープだ。なんと嫌なのだろう。

ここで語っているシャネルは典型的なヨーロッパ人である。歴史を重んじるヨーロッパは古いものを愛し、とかく新品を軽蔑する。大量消費は大量廃棄、すぐに捨てられるような物に価値などありはしない。ヨーロッパ人からみれば、まさにそれこそ「贅沢の反対」であり、チープにほかならない。

新品が贅沢か、それとも古いものが贅沢なのか――答えを急ぐまえに、わたしたちは、こうしてシャネルが浮上させた「贅沢の新旧論争」ともいうべきものをしかとみておくべきだろう。先にも述べたとおり、贅沢とは何かという問いは新しいものでも何でもなく、一九世紀と二〇世紀の節目でシャネルが提起した問題なのである。

シャネルはアメリカに――新品に――ノンを言う。ヨーロッパの貴族たちの華美な美意識にノンをつきつけたシャネルは、ここでは貴族たちと美意識を共にしている。貴族であるか大衆であるかの別なく、パリから見れば、古いものはその古さによって価値があり、金ピカの新品は「贅沢の反対」なのである。

アンチ・ゴージャス

成金たちの新品にもノン、貴族たちの華美豪奢にもノン――シャネルのこの美意識を、「アンチ・ゴージャス」と名づけてもいいかもしれない。どちらの二つも「見るからにゴージャス」だからだ。シャネルにとって贅沢はまさにその反対だった。別のところでシャネルは作家ポール・モランにむかって「贅沢」をこう語っている。

わたしにとっての贅沢といえば、昔から変わらず続いているものだ。「歳月に磨かれた」オーヴェルニュ地方の立派な家具、どっしりと重たくて地味な田舎の木、紫がかった桜の木、艶出しで磨かれて黒光りしている梨の木（……）わたしは貧しい子ども時代をおくったと思いこんでいたのに、実はそれこそ贅沢なのだと気づいたのだ。オーヴェルニュでは、すべてが本物で、大きかった。

オーヴェルニュはパリから汽車を乗り継いで半日以上かかる田舎である。シャネルはそこで貧しい少女時代を過ごした――親に捨てられた孤児として、修道院で。バルサンやカペルに出会う以前、幼いココはパリから遠く離れた寒村で孤独な——そして謎の多い——少女時代を送った。謎というのは、シャネルが孤児だった過去を隠し続け、さまざまな嘘をつくりあげて粉飾したからである。ヘードリッヒにたいしてもモランにたいしても、少女時代を過ごしたのはオーヴェルニュに近いオバジーヌの孤児院でなく、ブルターニュ地方の叔母たちの家だったということになっている。愛情も理解もない叔母たちにひきとられた多感な少女は「脱出」を夢見て、自立の道を求めたのだ、と……。

だが事実は簡潔である。一八八三年、シャネルはパリを西南に下ったソミュールの町で生まれた。洗礼名はガブリエル・シャネル。彼女が一二歳のときに母が亡くなり、五人の子どもが残された。村から村へと渡り歩く行商人の父は、長女とシャネルの二人をリムーザンの修道院の経営していた孤児院に預けると、それっきり二度と帰ってこなかった。それから五年ほどの歳月をシャネルはこの修道院で送ったはずだ……それがどんな暮らしだったかは想像するよりほかない。孤児時代のことを、シャネルは生涯にわたって決して口にしなかったからである。いや、孤児院のことだけではない。田舎に生まれたことは語っても、それがオーヴェルニュ地方なのか、それとも隣のリムーザン地方なのか、具体的な地名は決してシャネルの口にのぼったことはない。

「本物」のルーツ

だが、ここで大切なのはシャネルの生い立ちの真実ではない。後になってふりかえってみた、彼女にとって「本物」の贅沢はオーヴェルニュやリムーザンといったような田舎に——そしておそらく修道院に——あったということだ。シャネルの贅沢のルーツが問題なのである。

贅沢のルーツ。シャネルのルーツ。リムーザンにしろオーヴェルニュにしろ、いずれもパリから遠い農村地帯。シャネルのルーツは田舎である。このことを念頭に置いて、先の言葉をもういちど読み返してみよう。「わたしにとっての贅沢といえば、昔から変らず続いているものだ」——古くからあって、はやりすたりのないもの、何代にもわたって使われ続けるもの。シャネルにとってはそれが「本物」なのであった。ここでいわれている本物は、パリっ子のような都会人には決して肌でわからないものである。身をもってそれがわかるには田舎に生まれなければならない。

シャネル伝を書いたシャルル＝ルーがジャージーという素材についてシャネルのこ

リムーザン地方オバジーヌの教会と修道院

のルーツまで掘り下げて次のように論じているのはまことに興味深い。

多くの危機や損害と戦いながら、貧しい土地の上にしっかり足を踏みしめるよう宿命づけられた根強い幾世代もの人間の経験から、ガブリエルの発見が一つ一つ生まれた。そういう過去の世代の人間や職人たちは、〝見せかけの美〟の敵であって、自分たち個人が使うには長持ちするもの、本物しか認めない。実際、ひとたび裁って縫った以上、二代も三代も着られないとしたら、生地とはいったい何なのだといううわけなのだ。(エドモンド・シャルル＝ルー『シャネル——ザ・ファッション』榊原晃三訳、新潮社、一九八〇年)

ずっと何代にもわたって使われるような本物、それを彼らは「豊かな材料に頼るのではなく、ひたすら手仕事に頼って」つくりあげる。それこそが彼らにとっての本物なのである。こうしてみるとき、シャネルがドーヴィルで「ニット」を見いだすべくして見いだした深い理由がわかる。シャルル＝ルーはこう続けている。「ガブリエルはもっとも編物に似た素材を見つける必要があった。この選択には大いに意味があった。編物は、田舎に住む人たちの永遠の仕事である」(同)。ジャージーという素材は、田舎に生まれ育った人間にしてはじめて良さのわかる素材であり、そこからシャネルがつくりだしたモードは「見せかけの美」にまどわされる都会人には決して発明できないものだったのだ。

そう、シャネルにとって、贅沢とは都市の刺激的な「新しさ」とはまったく逆のもの、「昔から変らず続いているもの」である。家具なら歳月に磨かれて黒光りしているもの、服ならば「使い古した」服。農民にとって、市販の「新品」ほど本物から遠いものはない。「貧しい土地に宿命づけられた」人間たちの知恵をその血に継いだシャネルの贅沢は明白にアンチ・ゴージャスであり、アンチ・新品である。

実際、シャネルは世界に名高いクチュリエとなって年に何万枚ものスーツを売りさばきながら、自身はいつも同じスーツを着ていた。「なにしろ彼女ときたら年がら年中何でも着たきり雀だった」とは、晩年のシャネルをよく知るプレス担当のリルー・マルカンの言である。シャネルは最後まで自分のルーツに忠実な贅沢をとおしたのだ。

羊飼いの復讐

こうしてシャネルの生い立ちを知るとき、わたしたちは彼女がなぜあれほどまでに「金ピカ」ファッションを嫌悪したのか、あらためて了解がゆく。この皆殺しの天使は徹頭徹尾「見せかけの美」の敵対者なのだ。とめることもできない飾りボタンだの、羽飾りや花飾りをいっぱいつけてきちんと頭にかぶることもできない帽子だの、そんな実《じつ》のないお飾りは、彼女のあの「確かな嫌悪感」をそそるだけだ。

後にもふれるが、第二次大戦後シャネルがスイスに隠棲していた時代、同じくスイスに亡命を強いられていた作家のポール・モランをサンモリッツのホテルに招き、語りあかして過ごしたことがあった。三〇年前のその聞き書きをモランが見つけだし、シャネルの死後に刊行したシャネル伝が『シャネル——人生を語る』である。本にするという約束もなく、パリを遠く離れた地で美しき良き時代を語ったシャネルは、少女時代については相変らず嘘をつきとおしているものの、心をほどいて素顔をのぞかせていることも多く、その言葉も作家モランの文才によって鋭く磨かれた名言が多い。本書に引用するシャネルの言葉はほとんどがこの伝記からのものである。その伝記にモランが付した序は、シャネルというこの農民の娘のやってのけた贅沢革命を見事な言葉でとらえている。

シャネルが登場すると、たちまち戦前が色褪せた。ウォルトもパキャンも色褪せた。シャネルは羊飼いだった。草刈り作業、草干し仕事、馬糞、革の長靴、馬具洗い、下草、そんなことはみなお手のものだった。（……）シャネルとともに始まったもの、それはまさにマリヴォーが語っていた「農民の晴れ着を着て、ひらぺったい靴をはいた」娘たちの進軍だ。娘たちは「危機に瀕した都会」に相対して勝ち誇り、激しい復讐欲に燃えて革命に火をつける。あのジャンヌ・ダルクもまた羊飼いの復讐だった。ふたたびマリヴォーの言葉を借りれば、「われわれの世紀には羊飼いの復讐があるという予言がある。警告しておくが、農民は危険なのだ」。シャネルはこの農民の系譜に属している。

まさしくシャネルは都会の「見せかけの美」に敵対してやまない羊飼いの娘であった。彼女自身もそう語っている。

あれから歳月がたち、今になってようやくわかる。厳粛な地味めの色が好きなのも、自然界にある色を大事にしたがるのも、アルパカ製の夏服や羊毛（チュビオット）製の冬服が修道服みたいな裁断になっているのも、みなモン＝ドールの田舎から来ているのだということが。パリのおしゃれ女を夢中にさせた禁欲的ファッションはみなそこから来ているのだ。わたしが帽子をきっちりかぶるのも、オーヴェルニュの風が帽子を吹き飛ばしそうだったからよ。つまりわたしはパリを征服したクエーカー教徒［質朴な服装で知られる教団］だったのだ。

見せかけでないもの、古くから変らず続いているものが美しい——この美意識をおそらくもっともよく表わしているのが、一九二八年、南仏に建てさせた別荘、ラ・ポーザ荘だろう。このときシャネル四五歳。仕事は絶頂期にあった。そのシャネルが、恋人のウェストミンスター公爵と共に過ごすためもあって建てさせた別荘は、豪奢な別荘の立ち並ぶ南仏リゾート地にあってひときわ際立つ田舎造りである。シャネルはこの別荘を、少女時代を過ごしたあの修道院に似せて建てるため、わざわざ建築家をリムーザンにまで行かせたと言われている。シャネルがただ一度自分の過去を明かした例である。中世に建てられたロマネスク様式の質朴な修道院は、古くから続く「本物」そのものである。シャネルは自分のルーツにあった贅沢をここに再現したいと願ったのだ。修道院のように周りを塀で囲まれたシンプルな造りの別荘の庭の植栽は、ラベンダー一色。しかもシャネルは樹齢二千年になるオリーブの樹をわざわざそこに移植させた。あたかも「本物」のシンボルのように……。

今は売却され私的所有物となっているので目にすることはできないが、想像するだに、シャネルにとって贅沢とは何であったかをよく語る家である。

3　時価総額を自慢する馬鹿

贅沢には理由がない

こうして古いものを愛するシャネルのこの美意識を、別荘に負けず劣らずよく表わしているものがある。ただし今度は物ではなく人物だ。いまふれたシャネル四〇歳代の恋人、ウェストミンスター公爵である。

シャネルの生涯を飾る歴代の恋人のうち、初恋の相手アーサー・カペルに次いで大きなウェイトを占めるのがおそらくウェストミンスターであろう。公爵との仲はおよそ一〇年にわたった。公爵家は王室の縁筋にあたり、英国一裕福な貴族である。当時すでに世界に名だたるセレブであったシャネルは、モンテカルロ滞在中に公爵と知りあって以来、たがいに英仏海峡を行き来して過ごした。シャネルにとってそれは、本物のヨーロッパの貴族の贅沢がどのようなものか、つぶさに目にする経験だった。妙な比喩かもしれないが、シャネルが語る公爵の生活は、「樹齢二千年のオリーブ」に相当する圧倒的なインパクトをもって、由緒ある貴族の贅沢を明かしている。しかも興味深いことに、農民の贅沢と貴族のそれとは、「本物」をめぐってどこか通底しているのだ……。そうでなければシャネルは一〇年間も公爵と時間を共にしたりしなかったことだろう。

何よりまず、公爵が本当に貴族的だったのは、何一つ新品を身につけていないことである。「ウェストミンスターはエレガンスそのものだった。新品なんて何ひとつ持っていない。彼のために靴下を買いにゆかざるをえなくなったこともある。上着などは二五年前から同じものを着ていた。仕立屋に行ったり、仕立屋を呼びよせたりしたことなどついぞなかった」

とはいえ、服など公爵の有する財産のなかでは無にもひとしいものだったにちがいない。とにかくウェストミンスターの有する領地は広大だった。ロンドン市内にある数百の建物に、広大きわまりない居城イートンホール、そしてヨーロッパ各地に散らばる領地の数々……ふたたびシャネルに語らせよう。

ウェストミンスターはいたるところに家を持っていた。新しい旅をするたびに家を見いだした。彼自身、全部知っているわけでは全然なかった。アイルランドにもダルマチアにもカルパチアにも、ウェストミンスター所有の家があった。どれも調度がそろった屋敷で、到着するとすぐに磨いた銀器で夕食ができるし、寝ることもできるようになっていた。車が何台もあり（イートンホールのガレージに古いロールスロイスが一七台あったのを今でも覚えている）、いつでも使えるように整備され、港には石油エンジンのボートが石油を満タンにして控え、仕着せを着た召使たちと執事が控えていて、玄関のテーブルには、どこにいっても必ず世界中の新聞と雑誌がおいてあった。

ここに取りよせていて誰も読まない定期刊行物のための出費だけでも、私の年金に十分でしょうと、ウェストミンスターの老友のスコットランド人が言っていた。

「知らない」のが贅沢

ここで重要なのは、財産の桁外れな大きさではない。そうではなくて、その財産の総額など、所有者である当の公爵自身が知っていないという事実である。知る意思も必要もないのだから、ましてや自慢する意思もあるはずがない。真に莫大な財産、しかも貴族的な「領地」となればなおさら、人はもはや金銭に換算することもないので、総額など知るよしもない。真の財産は、所有している理由すらないものなのだ。公爵がなぜそのように広大な領地を有し、誰も読みもしない定期刊行物を購買し続けているかといえば、理由はただ一つ、「昔からそうしているから」という理由なき理由あるのみ……。巨大な財産は、何の理由もなく、昔からただそこにある。それらに囲まれて育った公爵は、自分が巨万の富の持ち主だとは知っているが、漠としかそれを知らない。「ウェストミンスターがイギリス一、いやおそらくヨーロッパ一の金持ちだったかどうか、誰にもわからなかったし、彼自身でさえ、いや彼こそ誰よりわかっていない張本人だった」

ウェストミンスター公爵を通じて親交のあったチャーチル父子と狩りを楽しむシャネル。1928年頃　Photo by Bettmann/Getty images

貴族の贅沢とはまさにこうしてウェストミンスターが体現しているものである。当時のシャネルはクチュリエとして大富豪を顧客にし、自身もホテル・リッツを住まいにするほどの大実業家になっていたから、富の力をよく知っていた。そのシャネルをして感嘆させたのは、公爵の自分の財産にたいする「無知」と「無関心」なのだった。自動車で一五分もかけて周囲をまわらなければならないほど広大な公爵の居城イートンホールに滞在した折のエピソードもよくそれを語っている。

ある日のこと、イートンホールの庭を散歩していたシャネルは、谷間に埋もれた、「パリ市ほどの大きさもある大温室」を見つけた。桃やネクタリーや苺など、居城で供する一年中の食材を栽培していたのである。公爵は自邸にそんな温室があることなどまったく知らなかった。シャネルと公爵の二人は、「苺摘みに来た小学生のように嬉嬉として」苺を摘み取った……。

自邸の庭のすべてを把握するなど思いもよらない公爵の無心さをよく表わすエピソードである。くりかえしになるが、真の贅沢は、自分の財産の総額を知らない。そして、この無知こそ、まさにウェストミンスター公爵の贅沢の貴族性の証にほかならない。その貴族性が、シャネルを感動させたのである。

話は飛んで現代日本のことになるが、一時期、ヒルズ族と呼ばれた成金族が、しきりに時価総額を自慢したことがあった。ウェストミンスター公とはそもそも比較が成り立たないが、公爵の例は、彼ら成金たちの自称「贅沢」の滑稽さを照らしだしてくれる。自分の所有する財産の価値を自慢する彼らが贅沢でないのは、かれらが自分たちの財産額を「知っている」という事実そのものに由来している。しかも彼らが滑稽なのは、その時価総額とやらの大きさを贅沢だと勘違いしているからだ。自分の財産の総額を知っていることがすでに贅沢にほど遠いにもかかわらず……その取り違えが、まさに滑稽なのである。

とはいえ、もちろんそんな貴族的贅沢は、遠い過去のものにちがいない。だが、贅沢とは何かを考えるとき、わたしたちは歴史に学び、自分たちの非貴族性＝ブルジョワ性を知っていた方がいい。そもそも贅沢が領地というかたちを変えて、「物財」化することじたいが歴史の産物なのである。贅沢というと、すぐに物の所有や消費を考える愚におちいらないためにも、ウェストミンスターという貴族の贅沢さの記憶はわたしたちに何かを教えてくれる。

貴族的贅沢の退屈さ

シャネルに話をもどそう。ウェストミンスター公爵の贅沢さはシャネルを感動させた。二〇世紀パリにひしめいていた成金たちのゴージャス趣味にノンを言い、アメリカ人たちの新品にもノンを言ったシャネルが、ここでは真に貴族的な贅沢に賛辞をおくっている。それではシャネルはその贅沢をうらやみ、自分もそれを享受したいと思ったかといえば、実はそうではないのである……。

一〇年ちかい歳月を公爵と共にしたシャネルは、恋人のプロポーズをうけてウェストミンスター公爵夫人になることも十分にありえたにちがいない。つまり世界一の富豪の夫人になって、ブルジョワのゴージャスからほど遠い貴族的贅沢に明け暮れる日々を享受することもできたのだ。

だが結局、彼女はその道を選ばなかった。

このときシャネルは五〇代にさしかかっていた。メゾンは繁栄の一途をたどり、すでに三〇〇〇人以上の職人をかかえ、ヨーロッパからアメリカ、南米にいたるまで世界中に顧客をもっていた。このときシャネルはいわゆるキャリアの女として、仕事か結婚かという二者択一に直面したのである。おそらく、女性史上いちばん早く。その後輩出する幾多のキャリアウーマンたちの先駆者として。

シャネルはなぜ結婚を選ばなかったのだろうか。というより、当面するわたしたちの関心からいえば、結婚によって享受することになる「贅沢」について、シャネルは何を感じていたのだろうか。公爵夫人の座を選ばなかった理由を、シャネルはこう語っている。

わたしは退屈していたのだ。暇と金のある連中が味わうあの恥ずべき退屈。
（……）
鱒釣りに明け暮れる生活は人生ではない。どんな惨めさもこんな惨めさよりはましだ。

シャネルの選択は、「結婚か仕事か」よりさらに深く、まさに人間にとって贅沢とは何か、人生とは何かという問いにつながっている。モランは、シャネルが選んだ選択を、エスプリあふれる筆でまとめている。ウェストミンスター公爵との恋を語ったこの章は「ある最後の王」と題されているのだが、その章は次のようなシャネルの言葉で結ばれているのだ……。

ある日など、フランスの狩猟とイギリスの狩猟のちがいが面白くなって、ふとした会話の折、ランド地方に一隊を引きつれて、イートンホールの狩猟を見せたらさぞかし面白いでしょうねと言ったことがあった。するとたちまち三〇人のフランス人の調教師と下僕と犬が出航し、一夜で英仏海峡を越えた。ウェストミンスターは王様のように海を渡り、英国海軍の白いキャビンは、ジブラルタル海峡を通っていた潜水艦から敬礼を受けていた。

そして、そうしたすべては何に行きつくかというと、倦怠と寄生生活に行きつくだけなのだ。

貴族的贅沢の退屈さ。シャネルはその退屈さにノンを言った。生涯はたらくことを選び、それを楽しんだシャネルはまさに二〇世紀の申し子なのである。

第2章　贅沢革命2――偽物のチカラ

1　黒のシンプリシティ

色の禁欲

少し先を急ぎすぎたかもしれない。贅沢革命の話を続けよう。

シャネルがやってのけた革命は、何よりまず「一九世紀的贅沢の葬送」であった。そしてその革命は、「色」の革命でもあった。シャネルが登場する以前、女たちのドレスに使われた色は、モーヴやピンクなど、いわゆる美しい色にかぎられていた。その美々しい色にたいし、ジャージーを王座につけたシャネルはベージュという「土」の色を初めてモードの舞台にもちこんだクチュリエである。

のちにシャネルはインテリアにもベージュをとりいれ、絨毯をベージュに染めさせた。貴婦人たちのドレスと同じく、それまで絨毯といえば、サヴォナリー製のそれのように多色織のクラシックな模様織りが常だったものを、シャネルはシンプルなベージュ一色にしたのである。「大地を踏んでいるような感じがするから」というのがその理由だった。いかにも彼女らしい刷新ではないだろうか。

けれども、そんなシャネルをさておき、二〇年代のモード界を支配していたクチュリエはむしろポール・ポワレだった。「モードの帝王」というあだ名が彼の権勢のほどをよく表わしている。シャネルがドーヴィルでデビューした第一次大戦中、軍隊関係の制服調達などの任を負っていたポワレはふたたびモード界に復帰したのである。復帰後のポワレが流行らせたのはオリエンタリズムだった。

時は、「狂乱の時代《レ・ザネ・フォール》」と呼ばれた黄金の二〇年代。一九一〇年にオペラ座で上演されたロシア・バレエ「火の鳥」は、パリっ子たちを熱狂的センセーションに巻きこんだ。舞台に繰り広げられたエキゾチックな極彩色のファンタジーは強烈なインパクトを放ち、芸術からモードまで、すさまじい影響をあたえた。ポワレはこのロシア趣味に夢中になって赤や緑など極彩色の絹を使い、ハーレムパンツやホブルスカートなど、オリエンタルな意匠のモードを流行らせる。

けれどもシャネルはポワレが広めたこの「色彩のゴージャス」に拒絶をつきつけた。かわりにシャネルが選んだ色は「黒」である。それまで喪服にしか使われることのなかった黒をシャネルはあえてシンボル・カラーに選び取ったのだ。色の禁欲。それがシャネル・モードの核心だった。表面的な色の贅沢は嫌悪すべき贅沢趣味だったからである。

一九二〇年代以降になると、大クチュリエたちは闘おうとした。あの頃、オペラ座で桟敷席の奥からホールを眺め渡したことを思い出す。ありとあらゆる色がまたしても氾濫している光景にショックをうけた。赤、緑、電気の火花のような青、リムスキー＝コルサコフとギュスターヴ・モローを混ぜてパレットにぶちまけたみたいな。ポワレがはやらせたこうしたモードには胸がむかついた。ロシア・バレエは舞台装置であって、ファッションじゃない。わたしはよく覚えているわ。そのとき横に座っていた男友達にこう言ってやったの。

——こんな色ってないわ。この女性たちに、わたしは黒を着せてみせる……。

絶対的なシンプリシティ

決意どおり、シャネルは黒をはやらせた。ジャージーと同じく、もっともゴージャスから遠い色が、新しい世紀のカラーとなった。シャネルのアンチ・ゴージャスの思想は、生地から色まで徹底している。ここでもまたシャネルは禁欲主義者であり、

「パリを征服したクエーカー教徒」だったというべきかもしれない。シャネルはこう語っている。

女はありとあらゆる色を考えるが、色の不在だけは考えが及ばない。黒はすべての色に勝つとわたしは言ってきた。白もそう。二つの色には絶対的な美しさがあり、完璧な調和がある。舞踏会で白か黒かを着せてごらんなさい。ほかの誰より人目をひくわ。

シャネルの言葉は、ダンディズムの詩人ボードレールの言葉を想起させる。詩人は言ったものだ。「エレガンスは絶対的なシンプリシティにある」と。ゴージャスにノンを言ったシャネルは、絶対的にシンプルな色を選んだのである。

シンプルであること、実用的であること――実際、時代の風はそちらの方向をめざしていた。女たちが家の外に出はじめ、働きはじめようとする新世紀、女を飾りものにする特権階級のモードは時代遅れになりつつあった。黒のシンプリシティは街ゆく女たちのテイストを先取りしていたのである。

2　宝石を廃絶する

本物を愚弄する

黒のシンプリシティ。その絶対的なシンプリシティは新しい「装飾」とマッチする。シンプルな黒服は、どんなアクセサリーをつけてもたがいにひきたてあって一つの調和をかもしだす。実際、黒という色を選んだシャネルは、新しいアクセサリーを創りだしたのだ。

けれども、そんな新しい装飾品が生まれるためには、古い装飾品がなくならなければならない――事実、シャネルは「宝石」という古い装飾品を抹殺するのである。シャネルの「アンチ・金ピカ」の思想が何より徹底しているのは、まさにここにおいてなのだ。

金の力に結びついたファッションを批判したシャネルにとって、宝石というものの存在それじたいが嫌悪の対象にほかならなかった。ドレスにもまして宝石は、持ち主あるいは贈り主の財力の表現に結びつくからである。

ベルエポックのオートクチュール光景。
装飾の多い大きな帽子や高価な布地がふんだんに使われていた

わたしが好きじゃないのは、宝石のための宝石ね。ダイヤモンド・ナヴェットとかブションド・カラフとかいった、それを着ける女性の、夫とか愛人とかの富裕さを示す保証となるようなものだ。(……)そういったものは、「万一の場合は売ることができる」ビジュウなのよ。金持ちのためのビジュウ。そんなものは、わたしは好きじゃない。(ヘードリッヒ)

シャネルは言い放つ。そんな「金持ちのための宝石」を身につけるのは、「首のまわりに小切手をぶらさげるのも同じだ」と。

そうして金目の宝石に拒絶をつきつけたシャネルは、未聞の革命をやってのけた。あえて素材に貴金属を使わないイミテーション・ジュエリーをつくりだして、流行らせたのである。「ビジュウ・ファンテジー」と名づけられたそれは、今もシャネル・ファッションの一部門をかたちづくっている。

そう、シャネルこそ、現代のわたしたちが身につけている「アクセサリー」の創始者なのだ。いま市場にごく普通にでまわっているファッション・アイテムで、実はシャネルが創始者であるアイテムはまだ他にも多々ある。たとえばショルダーバッグもその一つ。彼女がこのバッグを創りだしたのは両手を自由にするためだった。あるいはリップスティックもそう。外出先で手軽に化粧直しができるように、口紅を携帯しやすい型に変えたのである。これらの事実が表わしているのはただ一つ、いかにシャネルがモード界の革命児であったかということである。今でこそ、アクセサリーが存在するのは当たり前になっているが、シャネルが登場する以前、貴金属以外の装飾品は存在していなかったのである。

アクセサリーを創造することによって、シャネルは宝飾界を一新させた。彼女のそのテロルのすごさを雄弁に物語るのは何といってもパールの扱いだろう。というのもシャネルはあえてイミテーションの模造真珠をつくらせたのだ。そして、その偽物のパールを、本物のパールとまぜて身につけたのである。マン・レイに撮らせたポートレートは雄弁だ。くわえタバコのシャネルが、黒一色に装って、じゃらじゃらと何連ものパールのネックレスをつけている——見る者は、どれが本物で、どれが偽物か、まったくわからない……うそぶくようなシャネルの言葉が聞こえてきそうではないか。

わたしはよろこんで宝石をじゃらじゃらつけることにしているわ。わたしがつけるとみな偽物に見えるからよ。

カラットを自慢する馬鹿

「宝石で人の目をくらまそうだなんて執念は、胸がむかつく」——シャネルは金ピカ・ファッションにたいする怒りをこめて、本物の宝石を無きものとした。わざと偽物をつけることで本物を愚弄したのである。大切なのは、カラットではない。いかに美を演出してひとを幻惑するかということだ。「カラットじゃないわ、幻惑よ」——

マン・レイのポートレートのなか、幻惑のパールをつけたシャネルはそう言いながら本物の宝石をあざ笑っているように見える。

そうしてわたしたちは、ここでまたしても贅沢とは何かという問いをかみしめる。というのも、時価総額を自慢する馬鹿たちがいるように、カラットを自慢する馬鹿な女たちもまたあとをたたないからだ。あえて固有名詞をあげるまでもないだろう。そういう女たちにわかっていないもの、それは、エレガンスとは何かということである。

金目のものを自慢しようとして宝石をつけることほどエレガンスから遠いものはない。モダンなエレガンスの創始者であるシャネルは、まずその前に、「嫌なものを記憶から一掃するために」、金目の宝石を抹殺したのだ。

実際、シャネルはイミテーション・ジュエリーを語って、「抹殺」以上に強い言葉を使っている。一九六八年、死の数年前のことだが、テレビ・インタビューに出演したシャネルは、イミテーション・ジュエリーについて聞かれて、こう答えている。

わたしがイミテーション・ジュエリーをつくったのは、ジュエリーを廃絶するためだった。

「廃絶」という語は、核兵器廃絶というようなときに使う語である。この皆殺しの天使は、金目の宝石を「廃絶する」ために偽物をつくりだしたのだ。まさにそれは革命の名に値する。なぜなら、こうしてはじめて、「おしゃれ」と「金」が同義のものでなくなり、エレガンスが財力から独立したものとなったからだ。シャネルとともに、ようやくおしゃれはひとりひとりの「センスの良さ」の問題になったのである。

3　ブランドを自慢する馬鹿

エレガンスのはじまり

「金目のもの」と「おしゃれ」は同じではない――ということを別様にいえば、本物の宝石でも、その使いようによってはエレガンスになるということである。

色についても同じことで、黒でないカラーでも、使いよう一つでエレガンスになるということでもある。あるいは、同じことだが、たとえ黒をまとっても、そのエスプリがわかっていなくては、黒を着こなせないということでもある。シャネルがポワレ・ファッションの色の氾濫にノンを言ったのは、そこでは「着こなし」が問われないからでもあったのだ。シャネルはこう言っている。「シェヘラザードのような格好をするのはとてもやさしいが、リトル・ブラック・ドレスを着こなすのはとても難しい」

ちょうど、わが国の成人式の場で見られるような豪華な振袖ファッションに、ひとりひとりの「着こなし」が見られないといえば、シャネルの言った意味がよくわかるのではなかろうか。同じように、本物の宝石も、金を見せびらかすためにつけるのは「エレガンスのゼロ度」だが、つけようによってはエレガンスでありうるということだ。ふたたびシャネル。

街のなかでは、みんな偽物をつけるべきね。本物のビジュウは、家にいるとき、自分の楽しみのためにときどきつけるといいのよ。（ヘードリッヒ）

自分の楽しみのために身につける宝石。金と無関係な戯れ。財力から独立して、誰もが享受できる「おしゃれ」がようやくここに始まったのである。こうしてみると、モダンなおしゃれの歴史は、実は驚くほどに日が浅い。贅沢はシャネルの登場を待ってようやく財力から離床し、ひとりひとりのセンスと創意にかかるものになったのである。

ブランドと宝石は……

それからはや一世紀。

いまや貴金属でないアクセサリーをつけるのはごく普通のおしゃれになっていて、イヤリングでも指輪でも、わたしたちは「本物」との対比など特に考えもしない。何をつけるかは好みの問題であり、テイストの問題である。

シャネルがアクセサリーを創造する以前はそうでなかったのはこれまで述べたとおり。「テイスト」と「金目のもの」は厳然と異なっていた。もう一度、両者のちがいを語ったシャネルの言葉をひいてみよう。

もし宝石が、抽象的な記号にすぎないのなら、それは下等さと不当さと老いの記号だ。すごく立派な宝石を見ると、皺とか未亡人のしなびた肌とか骨ばった指、死、遺言、公証人、葬儀屋なんかを連想してしまう。小麦色に日焼けした耳たぶに真白なイヤリング、こういうのがわたしは好き。

「真白なイヤリング」はまさにシャネルのテイストである。だが本物の宝石には、シャネルの個人的嫌悪の域をこえた重い記号的価値が付与されている。宝石といえば貴金属しかなかった当時、まさにそれはカラットと同義であって、身につける者の財力やステータスを表す記号であったのだ。豪華な装飾過剰のドレスと同じく……。

そんな時代を遠くはなれた二一世紀の現在、いまだに「カラットを自慢する馬鹿」もいるけれど、そんな宝石類よりももっとわたしたちの身近にある「ステータスの記号」といえば、むしろそれはブランド品ではないだろうか。むろん、ブランドの方が、シャネルの語っている宝石よりはるかに安い。「死や遺言や公証人」を連想させるほどの額ではないからである。

とはいえ、街にあふれているブランド品には、ここでシャネルが語っている「宝石」と通底するものがある。なぜならそれは、ひとりひとりの「着こなし」のおしゃれとは逆の記号的価値を有しているからだ。その意味でブランド品は、シャネルがいう「真白なイヤリング」からもっとも遠く、「立派な宝石」に近いところに位置している。そう、贅沢が広く物財化したこの二一世紀は、「カラットを自慢する馬鹿」にかわって、「ブランドを自慢する馬鹿」が増加してゆく時代だといえるのかもしれない……。

そんなふうにブランドを自慢する女たちがもしいたとしたら、宝石を語るシャネルの言葉が耳に痛いはずだ。彼女は言う。「高い布地や高価な素材で織った布地もそうだけど、高価な宝石をつけたからといって、女が豊かになるわけではない。身なりがぱっとしていなければ、宝石をつけてもぱっとしないままよ」

シャネルの言葉をうけて、わたしたちも思わず言いかえたくなる誘惑にかられはしないだろうか。「ブランドを持ったからといって、女がおしゃれになるわけではない」「身なりがぱっとしていなければ、ブランドをつけてもぱっとしないままよ」と……。「金ピカ」を廃絶した皆殺しの天使の言葉は、一〇〇年をへた今もなお強烈な毒性を失っていない。一九世紀モードを葬送したシャネルの贅沢革命は現在もなお続いているというべきか。

第3章　著作権無用論——マスの思想

1　ストリートはサロンより面白い

時代の風

「既成のモード界にあらがって」、シャネルは自分のテイストをつらぬいた。彼女にそれができたのは、ストリートにただよう時代の風を背にうけていたからだ。絹をモードの王座からひきおろしたシャネルにとって、ストリートこそインスピレーションの源だった。「ストリートはサロンなんかよりずっと面白い」——あるときシャネルがヘードリッヒにむかって口にしたこの言葉は、彼女のモード哲学の核心を表わしている。

ここで「ストリート」には二つの意味がこめられている。一つは、その時々の時代の気分。モードとは刻々と移りゆくこの気分をかたちにしたものにほかならない。ファッションをビジネスにしたシャネルはこのような時代の風を予見することに長けていた。

けれども、そのファッション・ビジネスについては次章でみるとして、ここでふれておきたいのはストリートのもう一つの意味、すなわち「サロン」に対抗する力としての「ストリート」である。それこそ、この皆殺しの天使を生誕させたものであり、その魂のゆりかごだからだ。

パリから遠い寒村に孤児として生まれ育ったシャネルは、上流階級のサロンのモードに憧れたりしなかった。「わたしには、自分に豪華な服が似合わないとわかっていた」。だからこそ彼女は「サロン」のゴージャス・ファッションを標的にすることができたのである。財力も名声ももたずパリの街にひしめく匿名の大衆《マス》たち——自分がその一人であることとの強い自覚。それこそ、シャネルの圧倒的な強みだった。二〇世紀の新しい風は、サロンではなく、無名の大衆の行きかうストリートから吹いていたからである。その風が、既成の枠から外れた一人のクチュリエを誕生させたのだ。

その風はまず、絶好の「時」を運んできた。それは戦争という時である。第一次大戦は物的窮乏をもたらした。その窮乏が絹とジャージーの戦いに拍車をかけ、「厩舎のファッション」の勝利をもたらした経緯は第1章にみたとおり。シャネルはそれをこう語っている。「戦争のおかげよ。非常事態のなかで人は才能を現すものだわ。一九一九年、わたしは突然有名になっていた」（ヘードリッヒ）

物的窮乏におされて、シンプルで質素なファッションが歓迎される。一九一九年といえば、ドーヴィルでの成功から六年、パリの店をカンボン通り三一番地に移転した記念すべき年。メゾンの本格的展開が始まり、いわばシャネル帝国の基礎ができあがった年である。その同じ年の末に恋人カペルが自動車事故で急死したので、孤独な帝国といわねばならないが……。いずれにしろ、シンプリシティと実用性からなるモダンなモードへの流れは大戦が終わっても途切れはしなかった。シャネルのアンチ・ゴージャスなテイストはまさに時代の流れを先取りしていた。モードは一部の特権階級から、大衆の方へと移行しようとしていたのである。後になってシャネルは自分の成功を次のようにふりかえっている。

一つの世界が終わり、別の世界が生まれようとしていた。わたしはその二つの境にいあわせたのだ。チャンスがあたえられて、それをつかんだ。わたしはこの世紀と同じ年齢だった。だからこそ、それを服装に表わす仕事がわたしに託されたのよ。シンプルであること、着心地の良さ、清潔さなどが求められていた。わたしは知らぬ間にそのすべてを提供していた。真の成功は運命的なものね。

匿名の場

シャネルの場合、時代の風はまさに一九世紀から二〇世紀へと、世紀をわたる風であった。サロンのファッションからストリート・ファッションへのチェンジは、大袈裟でなく服飾史上の一つの大きなパラダイム・チェンジだったといわねばならない。

それというのも、そこには絹からジャージーへの転換だけでなく、「著作権」という問題がかかわっているからである。シャネルの魂がストリートに在ったということは、彼女の精神がつねに「無名のマス」に依拠していたということにほかならない。

そう、シャネルにとって、ストリートから生まれるモードは「匿名のマス」のそれであった。シャネルはそれを明晰に自覚していた。というより、自覚せざるをえなかった。サロンのモードしか眼中にない他のクチュリエたちは、匿名性というストリート・ファッションの精神をまったく理解できなかったからである。ここにもまた、シャネルと同時代のクチュリエたちを分けへだてる決定的な分岐点がある。シャネルは「既成のモード界」をむこうにまわして、ただ一人、デザインのコピーを容認し、オリジナルの権利を護ろうとしなかった。

たいていのシャネル伝もこうしたシャネルのコピー容認にふれている。たとえばシャネルはオリジナルに自信があったからコピーを放任していたのだ、と。けれども、業界の全員を敵にまわしてのシャネルの長き戦いは、もっと強い信念に支えられたものであったはずだ。いってみればそこにあるのは著作権無用論の思想なのである。シャネルの力業がモードの世界をこえた訴求力をもつのもまさしくここにかかっている。二一世紀の今またメディアの肥大化とともに、コピーとオリジナルをめぐって何かと知的所有権の問題が浮上しているが、シャネルはモードの世界で一〇〇年早くこの問題に遭遇していた。既成のモード界の誰一人として理解できなかったこの「ストリートの精神」の戦いを詳しくついてみること——本章は、いわば私論「シャネルの著作権無用論」である。

2　著作権なんていらない

匿名礼賛

モードはストリートから生まれる——新世紀の街に吹きわたる風をとらえたシャネ

ルにとって、そのストリートが匿名の場であることは自明のことだった。彼女は旗幟鮮明である。自身に語らせよう。

クチュリエの役目が時代の空気にただよっているものを素早くとらえることだとしたら、ほかの人間が同じことをして、わたしの真似をしても不思議ではないし、わたしのアイディアにインスピレーションを得てもおかしくないわ。わたしだってパリに散らばりただよっていたアイディアにインスピレーションを得たのだから。

（……）

そうよ、いちど発見されてしまえば、創造なんて無名のなかに消えてゆくものよ。わたしは自分の考えを全部ひとりで開発するわけではないし、時にはそれが他人の手でうまく実現されているのを見るのはとてもうれしいことよ。

シャネルは、自分のアイディアが他人に盗まれ、コピーされることを恐れるどころか、むしろそれを喜んでいた。だから彼女にとって「著作権問題」など「はじめから存在していない」問題だったのである。

けれども、そんなシャネルをよそに、当時のモード界はむしろ著作権擁護のために結束しはじめていた時期だった。

実際、パリのモード界はその頃コピー問題に直面していたのである。歴史のネジを巻きもどして、シャネルが登場する以前のモード界の状況にたちもどろう。キーパーソンは当時のファッション界を牛耳っていた「モードの帝王」ポール・ポワレである。実をいえば、シャネル以前にこのポール・ポワレこそ二〇世紀モード革命を起こしたクチュリエであった。何よりまず、ファッション史上悪名高いコルセットから女性のからだを開放したのはシャネル以前にポワレの功績である。ポワレはまた、シャネルより先に訪米をはたし、アメリカという国にパリ・モードの一大マーケットをみてとった先駆者でもあった。ただし、アメリカにたいする態度になると、ポワレとシャネルは一八〇度ちがう。

ポワレの訪米体験についてみよう。

コピー天国アメリカ

ポワレが初めてアメリカを訪れたのは第一次大戦前の一九一三年。すでに世界に名をとどろかせていたポワレは、さる五番街のクチュリエに請われてニューヨークの土を踏む。ポワレがそこで眼にした現実は、想像だにしないものだった。ポワレの自伝は、「アメリカ式商法」と題して、それを次のように語っている。

あるブティックに入ったときのことだ。そこに美しい女物の帽子があったので、その出所を知りたいと裏返しにしてみた。そしてそれが自分の名だったので、わたしは満足した。しかし、そこにはとても平凡な帽子もあれば、まったく嫌らしいものもあった。しかも、どれもこれもに「ポワレ」のラベルがついていたのだ。ハンガーにかかったドレスにもだ。それらの型が、もしそんなにつまらないものでなかったとしたら、自分の店にいると錯覚しただろう。（ポール・ポワレ『ポール・ポワレの革命』能澤慧子訳、文化出版局、一九八二年）

「いまや習慣となって定着している意匠権侵害問題について」、大きな危機感をいだいたポワレは、帰国後、このようなアメリカ式商法に対抗措置をとるべく「グラン・クチュールを守る会」を結成する。とはいえ、そうして同業組合をつくってみたところで、「意匠権侵害」にたいする防衛手段も法的保証制度も見出せずに終わっただけだった。憤慨したポワレは、コピー天国アメリカに呪詛の言葉を投げつける。

そもそもポワレの自伝のこのくだりにつけられた章タイトルが雄弁だ。いわく、「ポワレ、アメリカを罵倒する」——その罵倒の言葉を引用しよう。

「アメリカ商人の手口は、自分たちの粗悪な商品を好き勝手なラベルで包み隠すことであるように、わたしには思える。この国民はブランドが好きで、商品価値がわからなくてもブランドだけで価値判断をするのだ。並の商品にポワレの名をつけて売ることは、アメリカ人にとって頭のよい思いつきであり、すばらしいやり方に思えるらしい」

現代、アジア諸国でなかば「習慣となって定着している」ブランドのコピーがすでに一〇〇年前のアメリカでまかりとおっていた有様が伝わってくる。何といっても当時のアメリカは「世界一の金持ち」であり、他のどの国より先にフランス・ブランドがもてはやされたのである。といって、本物をパリに買いにやって来れるような金持ちは一握りの富豪にかぎられていた。だから残る道はただ一つ、フランス・ブランドのコピー商品を買うことだったのだ。

実際、そうしてコピー商品が大量に普及していた様子は、当時のメディアを手にとってみてもすぐにわかる。たまたま手もとに二〇年代のアメリカ版『ヴォーグ』があるが、表紙を開いてみると、はじめに現れるのは、「洋裁店」の広告の数々である。想像するに、それらの洋裁店は、『ヴォーグ』に載ったパリ・ファッションの新作をモデルに、顧客に新型モードの服を仕立てていたにちがいない。広告ページはたいへん便利な実用性をそなえていたのである。

コピーがモードをつくる

他方、そのような「洋裁店」が存在する一方で、「合法的」なコピーも存在していた。デパートをはじめとして、すでに既製服《レディメイド》産業が誕生していたのである。そこで活躍したのがパリのクチュリエに出入りをゆるされていたバイヤーだ。時は豪華客船の黄金時代、アメリカのバイヤーたちははるばる大西洋を渡ってパリに型紙を買いにやって来たのである。

ブリュノ・デュ・ロゼル『20世紀モード史』は、二〇年代アメリカの既製服産業の繁栄ぶりを次のように語っている。「オートクチュールの最良の顧客は何といってもアメリカのバイヤーであった。週に二度、大西洋航路の定期船がル・アーヴルに到着すると、彼らは急いで下船し、汽車に揺られてパリのクチュリエのサロンへ直行した。そして、コレクションを見たあと、毎回、一点につき、異なるサイズを何着も発注していくのだった。アメリカ市場は当時すでに〈レディ・メイド〉が一般化していたので、顧客のサイズに合わせて服をつくる必要はなかったのである」(ブリュノ・デュ・ロゼル『20世紀モード史』西村愛子訳、平凡社、一九九五年)。

このような合法的買いつけから、「習慣的」コピーにいたるまで、「マスの国」アメリカは膨大なニーズに応えて既製服を売りさばいていたのだ。

ポワレに続いて、シャネルもまたこのようなアメリカ式商法に直面する。香水からドレスまで、シャネル製品はポワレを上回る人気を博していたからである。その「コピー大繁盛」のさまを、シャネル自身の言葉で語らせよう。三〇年代のハリウッドに招かれたときのこと、ところはハリウッドのトレンディ・スポットに、映画スターをはじめ、華やかなセレブたちが集っていた……。

ナイトクラブの「シロッズ」で開かれたあるパーティを思い出す。シャネルのド

『ヴォーグ』1929年1月5日号にみるコピー商法。シャネル風ボウのデザインのアフタヌーン・ドレスの広告記事。値段は35ドル。

『ヴォーグ』1927年9月15日号にみるコピー商法。「パリ・秋コレクション」と題してパトゥ、ヴィオネ、シャネル（右下）など人気ブランドの最新モデルを掲載。すべて39.50ドルの均一価格。

レスを着た女性が一七人もいたけれど、わたしのところでつくられたのは一枚もなかった。アルブ公爵夫人はこう言って迎えた。「誓って言いますわ、わたしのドレスはあなたのところでつくらせましたの」。そんなことは、言うも空々しいことだった。ラ・ロシュフコー公爵夫人がわたしの連れにむかってこう言ったけれど、それも空々しかった。「シャネルに会うわけにはいきませんわ。わたしのドレス、彼女のところでつくらせたものじゃありませんもの」。最後はわたしもこう答えたものだ。「わたしのドレスだって、本当に自分のところでできたものかどうか自信がありませんわ」

アメリカでのシャネル人気を彷彿とさせるエピソードである。シャネル一流の毒をきかせているが、このときシャネルは聞き手のモランに「コピー肯定」論を語っているのだ。先の引用の直前でシャネルはこう言っている。「盗作をおそれるだなんて、何という硬直、怠慢、官僚趣味、何という創造における信念の欠如だろう!」と。

シャネルの信念、それは、モードが時代の風から生まれ、やがて匿名の海に消えてゆくという「匿名の思想」にあったのは先にみたとおり。モードは誰という特定の固

シャネルやランバンなどブランドのコピー商品でおめかししたレディたち。競馬場にて　1922年頃

有名をもたない時代の雰囲気から生まれ、ストリートでつかの間輝いて、また次の風に運ばれてゆく。だからシャネルは言う。「モードははかなければはかないほど完璧なのだ。最初からない命をどうやってまもるというのだろう」

　モードに著作権の必要などありはしない。モードは決して「自分の独創性」などではないのだから。独創性でないからこそ、それは広く大衆にうけて広まってゆく――それがシャネルのゆるがぬ信条だったのである。

ストリートの思想

それにしてもここで「著作権」という言葉に但し書きをしておいた方がいいだろう。服飾のデザインである以上、ここで問題になっているのは、正確にいえば著作権でなく、「意匠権」である。だがそれを「著作権」と言っているのはシャネル自身なのだ。そのような不正確さは、いずれにしろそうした権利に関心がなかったのと、知的所有権の問題が現代ほど熟していなかった時代だったのと、両方の理由からだろうが、そのうえでシャネルが「著作権」を語っている例を引いておこう。そこにシャネルの思想がよく表われているからだ。

シャネルは言う。「アイスキュロスは著作権なんて取らなかったし、ペルシャの王はモンテスキューが盗作したといって訴えたりしなかった」「ラシーヌもモリエールも、教師たちが自分の作品を引用するといって文句を言ったりしたことなど一度もない。作品が剽窃されるのは、感嘆と愛のしるしなのだ」

引用されるのは「感嘆と愛のしるし」。まさにシャネルにとって、コピーとは広く大衆によって愛され、認められること以外の何ものでもなかったのである。コピーに憤激したポワレや、彼に同調したオートクチュール協会とはまったく逆に、シャネルにとってコピーは「成功のしるし」以外の何ものでもなかった。ストリートが自分の作品を盗作したとしたら、それは自分の作品が時代の風をよくとらえていたということであり、ストリートにただよう何かをかたちにすることに成功したということだ。「サロン」にアンチしてモードをたちあげたシャネルは、「他のクチュリエにさからって」、ストリートの力を理解していたのだ。だからこそ、シャネルは、偽物のビジュウについても、次のように言えたのである。

（……）あのファンタジー・ビジュウが今ではパレ・ロワイヤルのギャラリーやリヴォリ通りのアーケードの下にまでずらりと並んでいるけれど、こうした小物にみな製造元のマークがついていたら、つまらないと思う。わたしはそれらのビジュウに命をふきこんだ。もしわたしが製造権をまもろうとしたなら、「わたしの命」をあたえなければならなくなったことだろう。

街にただよっているものをキャッチして、それをかたちにもたらすこと。クチュリエの創造のよろこびはまさにそこにある。

3　シャネルとフォード――「大量生産」是か非か

無駄 vs. 実用

ポワレとシャネル。共にアメリカ市場を発見しながら、対照的なリアクションを示した二人のクチュリエ。二人の対比は二〇世紀のファッション産業を考える上でまことに興味深いものがある。前者は、コピーの氾濫にノンを言いつつ、アメリカ文化そのものを侮蔑していた。たとえば先にふれた彼の自伝はアメリカについてこう語っている。「魅力、装飾、人生の気晴しなどに対するアメリカ人の無関心についてよく考えることがある。おそらく、彼らは芸術や趣味に対して時間をあまり割いていないのであろう。彼らの関心は、ただ財をつくるために働くこと。金。これは彼らにとってあらゆるものの動機であり、原動力である。芸術作品や創造は彼らの心を動かさず、興味も引かない」

こうしてポワレが「アメリカを罵倒する」のは、彼が芸術を愛し、クチュールもまた一種の芸術だと考えていた芸術家肌のクチュリエだったからだ。たとえばロシア・

バレエが流行すると、ポワレはシャガールの師レオン・バクストの手になる舞台装置に熱狂し、極彩色の絹を使ってオリエンタリスムの衣装をつくった。

ドレスのデザインだけではない。豪華な自邸のサロンを舞台にしてポワレは文化史の場面に残るような絢爛たるパーティを何度も開いた。たとえば「ルイ十四世風パーティ」とか「千二夜物語」などは、その名からも推し量られるような大掛かりな祭典である。戦後になると、彼は自邸の庭を「オアシス」と名づけ、幾多の芸術家を招いてさまざまなイベントを催し、社交界の名士たちを招いた。ポワレ自身の言葉が、彼のこうした趣味性をよく言い表わしている。

「アメリカ人にとって楽しみとは何だろうか？　有益か、あるいは必要か、これがすべてなのだ。彼らは不要なものを創り出すことを知らない。この不要なものこそ、我々フランス人にとって必要なもの以上に絶対不可欠なものなのだ」

シャネルを知るわたしたちからすれば、こうしたポワレの言葉の数々は、なぜシャネルがポワレを凌駕してアメリカを征服したのか、まるでその理由を語っているかのようにみえる。ポワレが「絶対不可欠」という「無駄なもの」、それこそ、シャネルのあの「確かな嫌悪感」をそそったものにほかならないからだ。

そう、シャネルのファッション・コンセプトは「無駄」を排した実用性そのものである。シャネルが嫌ったのは、ゴージャスなものと同じくらい、「過剰なもの」であり、「奇抜なもの」であった。シャネルのファッション・コンセプトは名指しでポワレを批判した次の言葉に明白である。

エキセントリックなものは自滅にむかっていた。それどころか、わたしなんて、よろこんで殺す手伝いをしたものよ。ポール・ポワレは創意あふれるクチュリエだけど、女たちにエキセントリックなコスチュームを着せていた。くつろいだ昼食会であるはずの集いが仮装舞踏会になり、おだやかなティー・タイムがバグダード帝国の王たちの宴のような光景を呈していたわ。(……)すごく逆説的だけど、ちゃんと言っておかなければならないわ、大袈裟なものは個性を殺すのよ。

シャネルとポワレのちがいは、端的に、「サロンのモード」と「ストリートのモード」といってもいいだろう。現にポワレのモードを身につけたのはサロンに集う名士夫人たちであり、仮装パーティのようなオリエンタルな衣装は、とてもストリートを歩けるような服ではなかった。シャネルはこう言っている。

コピーすることのできないモードがあるとすれば、それは《サロンのモード》である。（ヘードリッヒ）

サロンのモードをむこうにまわしたシャネルは、だからこそコピーを肯定した。彼女に言わせれば、誰からも模倣されないようなデザインはもともと魅力のないデザインなのだ。こうしてシャネルがコピーを礼賛したのは、ちょうどポワレとは逆に、クチュールという仕事を決して芸術だなどと思わなかったからである。

クチュールというのは商売であって、芸術ではない。われわれは才能がどうのこうのというより、服をおさめる御用商人を思えばよい。自分の作った服を壁にかけ展示したりはしない。売るだけだ。人が真似してくれれば結構じゃないの。アイデイアというのは広まるためにあるのだから。（同）

シャネルという名のフォード

芸術よりビジネス。無駄より実用――こうしてシャネルの思想の特徴をあげてゆけば、シャネルがアメリカでうけた理由は明白である。今あげた特質はすべてアンチ・サロンであって、広範な「マス」にうってつけである。アメリカという国はそもそも「サロン」文化をもっていない。シャネルはマスの国アメリカにうけるべくしてうけたのだ。

シャネルとアメリカ――この二つの親近性を象徴する服がある。一九二六年、アメリカ版『ヴォーグ』は一枚のシャネルの黒いドレスのデッサンを掲載した。飾りは一つもなく、すっきりとすべての無駄をそぎおとした、シンプルきわまりないドレス。そのドレスを評して『ヴォーグ』の記者はこう書いた。「これはシャネルという名のフォードだ」と。

フォードといえば、二〇年代のアメリカ大衆社会を象徴する自動車である。自動車王ヘンリー・フォードは、それまで高価で大衆の手にとうてい届かない高級品であった自動車の生産コストを下げて、大衆車の実現をめざした。大量生産するために車のデザインはひたすらシンプルになった。そうして試行錯誤を重ねて大衆車の原型となるT型フォードがついに完成、発売されたのが一九〇八年のこと。この低価格車は爆発的ヒットを記録した。アメリカは「車のある生活」を享受するようになったのである。

フォードの大量生産システムは、実用性を好む大衆の国アメリカのマインドにうってつけの生産方式だった。世界の自動車産業はこぞってこのシステムを自国にもとりいれようと試みたが、ヨーロッパではなかなかこのシステムが根づかなかった。なぜ

1926年アメリカ版『ヴォーグ』に掲載されたリトル・ブラック・ドレス。同誌はこれを「シャネルという名のフォード」と称えた。以来、このドレスはフォード・ドレスとも呼ばれている

だろうか。そこでは依然として「サロンのセンス」が支配的だったからである。

ここで「サロンのセンス」というのは、少数の特権的購買者と製作者のことだが、歴史的経緯にそっていま少し、詳述しておこう。

もともと自動車生産の先進国はアメリカでなくてヨーロッパである。自動車の車体デザインが馬車に多くを負っていることにも表わされているとおり、パーソナルな移動手段として、自動車の前身は馬車であった。そして、ヨーロッパで馬車といえば、すべて職人生産による手作りであった。たとえばハンドバッグで有名なブランドのエルメスがもともと馬具商であり、職人生産によるハンドクラフトをバッグづくりに活かして成功したことは比較的よく知られているが、馬具以上にそもそも馬車本体がすべてハンドクラフトなのが馬車製造の特質だったのである。こうした職人生産の伝統が根強いヨーロッパでは、技能の習得を必要としない大量生産システムの導入にたいする抵抗が大きかった。自動車先進国であったヨーロッパがアメリカに立ち遅れた大きな要因の一つである。

くわえて、顧客の問題も大きかった。ヨーロッパが世界の先陣を切って生産した自動車は、ベンツやクライスラーなどの高級車である。職人たちに自動車をオーダーするのは、一部の貴族や大富豪たちからなる特権階級だったのだ。まさしく、オートクチュールにオーダーするのが一部の特権階級だったのとまったく同様に。ヨーロッパで「マス」と「自動車」は相反するものだったのである。

こうしてみるとき、『ヴォーグ』に載った「シャネルという名のフォード」が意味するものは明瞭である。シンプルを極めたそのドレスは、大衆向けの衣服であり、大量生産にうってつけの衣服だということだ。そう、それは「サロン」のための服ではなく、量産される「マス」のための服なのである。『ヴォーグ』の記者はシャネルのファッション哲学を的確に表現にもたらしたのだ。

実際、シャネル・モードの一時代を画する記念碑的ドレスとして、時に「フォード・ドレス」とも呼ばれるこの服は、シンプルな上にシンプルを極め、見る者にこんな思いをいだかせるほどである。コピーを礼賛したシャネルは、わざと真似しやすいようなデザインにしたのではないのだろうか、と……。

マスの黒

思わずそう言いたくなるのは、そのドレスの色のせいでもある。そう、それはフォード車とまったく同じ黒一色だ。レースなどの豪華な生地がそれだけで模造を困難にするのと反対に、黒一色はもっとも模倣が容易である。先にみたとおり、シャネルは語のあらゆる意味で「装飾過剰」なサロンのモードに抗して、マスのモードを創りだし、見事マスの国から喝采をもって迎えられたのである。事実、先にひいた『ヴォーグ』の記事は先をこう続けている。「フォードのブランドの車がどれも同じだからといって買うのをためらったりするだろうか。答えはまったく逆で、同じだからこそクオリティが保証されるのだ。モードにあっても同様で、モードもまた規格化の時代に入ったのである」

そう、色彩の氾濫にアンチしたシャネルが選んだ「黒」は、匿名の「マス」のカラーなのだ。シャネル自身の言葉をひこう。

黒はすべての色に打ち勝つ色だ。昔はわたしもいろいろな色を使ったことがあるが、最後はマスの白黒に落ち着いた。フランス人にはマスのセンスが欠けている。イギリス庭園の花壇の「縁取り」の美しさ、あれはマスの美しさでしょ。ベゴニアでもマーガレットでも、ヒエン草でも、一輪だけだと全然きれいじゃない。だけどぴっしりと足元をうずめるように植えると、一面に咲いた花は俄然美しくなる。

――そんなことをすると、ひとりひとりの女性の個性がなくなってしまう！

そう思うのがまちがいなのよ。女はみなそろって同じ一つの型を身につけてこそ、それぞれの個性を発揮する。

シャネルはまた別のところでこうも言っている。「よくできた服とは誰にでも似合う服である」。彼女の衣装哲学は徹底的にマスの思想に通じている。

着る女の財力ではなく、個性をひきたたせる服――装身具が貴金属から解放されて「アクセサリー」が登場し、ずらりと街のショーウィンドーをうずめるばかりに流行ったように、財力から独立したファッションを楽しもうとする大衆が生まれつつあった二〇世紀、そのマスの精神をかたちにした黒のドレスは売れに売れた。

四年か五年のあいだ、わたしは黒しか作らなかった。わたしが作った黒のドレスは、白い衿とカフスをつけると、毎日のパンのように飛ぶように売れた。だれもがそれを着た。女優も、社交界の女性も、そしてメイドまで。（ヘードリッヒ）

白の衿やカフスはこれまたシャネル得意のデザインである。修道院のシスターたちの制服にヒントを得たものだという説もあれば、孤児たちの着ていた制服からきたものだという説もある。いずれにしても、黒一色にそえた白のカラーやカフスは清潔感を感じさせ、モダンで新鮮である。シャネルはこのデザインを愛し、後に七〇代でカムバックしたときのコレクションでも白の衿とカフスをつけた黒のスーツを発表している。

そうした上質のスーツから簡単な安物の上着まで、黒に白の衿やカフスをつけたデザインは、シンプルでありながら誰が見てもすぐにそれとわかるものだった。いったん流行ると広まりやすいデザインなのである。たとえ安いつくりであっても流行のものを着ているという満足感をあたえやすい服だったといってもよいだろう。

ストリート礼賛

そうして黒の服が流行り、メイドまでが着たということは、市場に偽物の量産品がでまわっていたということにほかならない。オートクチュールの他のメンバー全員に逆らって、シャネルはただ一人、大量生産を肯定していたのだ。そのためシャネルは業界のなかで偏屈者あつかいにされ、孤立無援のままだった。シャネルが一〇〇年早かったというべきか。他のクチュリエが一〇〇年遅かったというべきか。いずれにしても、この対立ゆえにシャネルは自分のモード哲学を明晰に自覚せざるをえなかった。そして、彼女は他の全員を敵にまわして、自分を信じた。モランにむかってシャネルはこう語っている。

――わたしは他のクチュリエたちにむかって言った。外国人は自由にわたしたちのコピーができるだろうか？　そう、できる。彼らはコピーしているだろうか？　そう、コピーしている。だとしたら、服について特許を考えたりするのはまったく無駄なことだ。

――以上のような主張を続けたせいで、わたしは皆に憎まれ、ボイコットされて、七年間のあいだ生地を売ってもらえなかった。けれども、わたしの主張は今も昔も正しい。

みずからストレート・チルドレンであり、ストリートを魂に誕生したシャネルにとって、街に広まるファッションは「芸術的オリジナリティ」などというものよりはるかに大切なものだった。ヘードリッヒの語るエピソードはそれを生き生きと伝えている。

ある日曜日の朝、彼女の協力者のリルー・グランバックが買物をしていると、こんな声が聞こえてきた。

「シャネルを買わないかね。五〇フランだよ！　ああ、そんなに押さないで、まだみんなにあるからね！」

マドモアゼル・シャネルは、すっかりよろこんで、こういった。

「まるで新鮮な野菜のように、飛ぶように売れた。第一、横ではほんものの野菜を売っていたけれどね」

リルーが、五〇フランのそのシャネルを持って帰った。粗い目の白のトワル地で、縁には藁を編んだようなものが飾り紐にしてつけてあった。これを見てマドモアゼル・シャネルはラフィアを編ませることを思いついたのだ。

「ストリートはサロンなんかよりずっと面白い」と彼女は、何かの折にいっていた。当時の五〇フランはおそらく現在に換算して三、四千円相当だろう。「シャネル・スーツ」が朝市のような露店でたたき売りされていたのである。シャネルにとってそれはまさに我が意を得る光景だった。

この話はリルー・グランバック（後に離婚してリルー・マルカン）自身がまとめたシャネル伝でも語られている。そちらのヴァリアントも引用しておこう。

彼女は運転手に車を止めさせ、その行商人にキスすると、勝ち誇ったような顔をして戻ってきた。

「ほらね、私の人生は成功だったのよ。私の服が、なにしろ一〇〇フランで買えるんだから」

ストリートで生まれ育った彼女には、自分のファッションがストリートで生きていることが自慢でならなかったのだ。（リルー・マルカン『カンボン通りのシャネル』村上香住子訳、マガジンハウス、一九九一年）

どちらをとっても、ストリートを愛し、マスを愛したシャネルの面目躍如のエピソードである。モードはストリートに宿る——シャネルの精神をこれ以上よく伝えるものはない。

第4章　起業家シャネル——ブランド・ビジネス

1　モードは殺されるためにつくられる

破壊こそビジネス

「モードとはオリジンのない出現である」——モードをそう定義したのは社会学者のボードリヤールである。流行は、確かな起源《オリジン》もなく、どこからともなくたち起こり、いつかの間きらめいて、次の季節にはいずこともなく消えてゆく。ストリートのモードを愛したシャネルは、ボードリヤールのこの定義に深くうなずいたにちがいない。いつともなく現れては消えてゆく、モードのはかなさ。ここで大切なのは、シャネルがよくそれを知っていただけでなく、そのはかなさをビジネスにしたということである。モードを芸術の高みにひきあげようとした他のクチュリエを冷笑するかのように彼女は言う。

モードについては熱狂的に語らなければならない。だが錯覚は禁物。いちばん大切なのは、ポエジーだの文学だのをくっつけて考えないことだ。一枚の服は悲劇でもなければ、絵画でもない。それは魅力的でつかの間の創造であって、不滅の芸術作品などでありはしない。モードは死ななければならないし、ビジネスのためには早く死ぬ方がいい。

「モードは芸術ではない。商売《メチエ》だ」——シャネルはいろいろなところでくりかえしそう語っている。彼女はファッションが「不滅の創作」から遠ければ遠いほどビジネスになることを心得ていたのだ。モードがストリートに普及してゆくことを心底よろこんだ彼女は、同時にそれこそがファッション・ビジネスの繁栄を意味することをよくわかっていた実業家だったのである。

事実、ファッション・ビジネスは「はやりすたり」を糧にして繁栄をする。コピー製品が氾濫し、黒のドレスが貴婦人からメイドまで飛ぶように売れるということは、いつしかその流行がピークに達して、下降線をたどるということにほかならない。そのサイクルが早ければ早いほど、ファッション・ビジネスは利を占める。ふたたびシャネル。

モードはそのはかない命を女に託して移ろいゆく運命にある。女は子どもと同じ、その役割は、早く使い古すこと、壊すこと、破壊すること、いずれもおそろしい負債だ。女のためにしかない産業にとってはこれこそが生命力なのよ。ファッション産業の成功のほどは、自分の後にできる破滅の大きさによって測られる。

別様に言えば、クチュールがビジネスとして成立するためには、たかだか何千人にすぎない一部の富裕階級を相手にした少量生産では限界があるということである。シャネルの「マスの思想」は同時に近代ビジネスの精神でもある。だからこそシャネルは量産にウイを言うのだ。「既製服がモードを殺すとはよく言われることだが、モードは殺されることを望んでいるのだ。モードはそのためにこそつくられるのだから」

事実、既製服産業の発展とともに大量の既製服が市場にでまわっていた。ことにミシンを発明した国であり、フォード・システムのご本家であるアメリカでは既製服の量産が発展し、大量のカッコつき「シャネル製品」が流通していた。ヘードリッヒはその様を次のように語っている。

アメリカではすでに、服飾産業というものが存在していた。そしてそれは三番街に居をかまえていた。かつてのフォードの自動車と同じことだ。一九二〇年のデトロイトさながら、流れ作業でできる服をつくり、とにかく着られるものをつくっていた（先々代のフォードの車がとにかく道を走ったのと同様に）。しかしこれではエレガンスはどうなるのか？　女性という車体は？　まさにここでマドモワゼル・シャネルの名がものをいってくれるはずなのだ。シャネルの文字があれば、洋服の大量生産も高級品になるだろう。

こういう現実を前にして、シャネルはそれを否定しなかったのだ。渡米の経験もあってアメリカという国を知っていたシャネルは、事態の正確な把握は別としても、量産の事実を察知していたにちがいない。その上で彼女はそれを容認していたのである。まことに彼女は著作権無用論者なのであった。

はじめに本物がある

そうだとすれば、シャネルはそのように大量生産される粗悪品、つまりは「安物」

がそのままシャネル製品として流通してよいと考えていたのだろうか？

もちろん、答えはノンである。ここでわたしたちは、シャネルのビジネスセンスのしたたかさを確認することになる。

そう、シャネルは二重底にできているのだ。どれほど安物がでまわっても、「本物」は一目でわかるクオリティでなければならない……。実は、第3章でひいた露店での安物礼賛のエピソードを、リルーはこう続けているのである。「そうはいっても彼女は、コピーされるのが一番難しい最高級の生地しか使っていなかった」

本物と偽物の差は、クオリティですぐにわかる。二つの差をシャネル自身に語らせよう。


――技術は必ず最良のものから出発しなければならない。もしわたしが飛行機をつくったとしたら、とびきり素晴らしい飛行機から始めるだろう。その後で手をぬくのはいつでもできる。立派なものから出発して、次にシンプルなもの、実用的なもの、安いものに降りてゆく。素晴らしく良くできた一着のドレスから、既製服にたどりつく。逆は真ならず。モードは街に降りてきながら自然死をとげるというのはこういうわけなのだ。

――安物は高いものからしか出発できないし、安いファッションが存在するためには、まずハイ・ファッションが存在しなければならない。量は質を増大させたものではない。二つは本質からちがう。そのことに理解がいって、それが感じられ、容認されたらパリは安泰なのよ。

ここでシャネルが「パリは安泰」と言っているのは、アメリカの量産を念頭に語っているからである。実際、アメリカでの既製服産業の繁栄ぶりはいま述べたとおり。いずれにしても、ここでシャネルが「パリは安泰」と言っている意味を今日的なブランド現象に読みかえるなら、「オリジナルがコピーと混同されることはない」、あるいは端的に、シャネル・ブランドはゆるがないと言いかえることができるだろう。

偽物あってこその本物

はじめにあるべきは、「本物」である。もとになるハイ・ファッションが高級なものであれば、ストリートに流通する量産品は、どれほど氾濫してもかまわない――シャネルのこのコピー容認論をめぐって、彼女は本物に絶対の自信があったからだという言い方をよく耳にする。だが、この説明は、シャネルのブランド・コンセプトを浅くしかとらえていないと思う。

本質はむしろこういうべきなのだ——偽物が本物を価値化する、と。なぜなら、大量生産があってはじめて、「希少性」がいやがうえにも価値をもつからである。たんなる少量生産は希少性と同じではない。

たとえばオートクチュールの始祖であるウォルトの例を考えてみよう。第二帝政時代、パリはオペラ通りにメゾンを開いたイギリス人クチュリエのウォルトの顧客はほとんど王侯貴族の夫人か愛人だった。一握りの特権階級を相手にした彼のオートクチュールは、少量生産が原則である。この少量生産原理は、ウォルトからドゥーセ、次世代のポワレまで変ることなく続いた。特権階級を顧客にしているという事実は彼らのようなクチュリエの誇りであった。なかでもウォルトのように時の皇后ウジェニーを顧客にむかえ、帝室御用商人の誉れに浴することはメゾンの威信を高めることであった。

といって、彼らの時代に、既製服が存在していなかったわけではない。第二帝政はオートクチュールとならんでデパート産業の発展期でもあり、婦人服と比較してシンプルな紳士服を中心に既製服はデパートの主製品でもあった。だが、シャネルとちがっていたのは、それらの量産品にたいするクチュリエの認識である。ポワレについてみたように、彼らにとって、それらの既製服はたんなる安物にすぎない。そこには欠落しているもの、それは、そうした安物の流通こそが自分たちのメゾンの高級品の価値をせりあげるという「逆説」の認識である。だからこそポワレは組合を結成してコピーを取り締まろうとしたのだ。

だがシャネルはちがっていた。他のクチュリエになくて彼女にあるもの、それは、アメリカであれストリートであれ、マス・マーケットの存在が少量生産を価値化するという認識である。「希少性」とはたんなる少量生産ではなく、あくまで広範な市場を前提にしてはじめて成立する一個の「市場価値」なのであって、偽物が流通すればするほど、本物の価値はせりあがるのだ。

このパラドクスを理解するには、何も第二帝政にまで時代をさかのぼる必要もないかもしれない。むしろルイ・ヴィトンの例がわかりやすいだろう。わが国におけるルイ・ヴィトン人気はよく知られているとおりである。いまや日本人の二人に一人が持っているともいわれているルイ・ヴィトンだが、あまりの普及ぶりに、近年では「特注」が人気を呼びはじめ、ヴィトン社の方でもこのオーダーメイド・システムに力を入れている。要するに、持っているのが当たり前なほどに普及してしまえば、ブランドをブランドとして差別化する希少価値はかぎりなく小さくなるので、今度はオーダーメイドの商品が差別化を担うことになるわけだ。ここでも前提になっている要件は大量普及であって、その事実がオーダーメイドという少量生産を価値化しているのである。

ルイ・ヴィトンを例にとったついでに、同じくフランスのブランドであるエルメスについてもふれておこう。たとえばバーキンのように「オーダーしてから数年待ち」が常態となっている高級バッグが人気を呼んでいるのも、いまや日本がブランド大国で、すぐに入手できるブランド品では他人との差異化願望が満たせないからという理由がはたらいている。要するにエルメスは、大量生産・大量消費の豊かさを卒業してしまった大衆に「希少性」を売っているのである。

それにしても、ルイ・ヴィトンの特注品といい、エルメスのオーダー待ち商品の人気といい、ここ一〇年ほどの現象である。ところがシャネルは、すでにメゾンのスタートのときからこの「希少性のパラドクス」を認識していたのだ。彼女の先駆性は特筆に価する。ルイ・ヴィトンやエルメスが一九世紀に誕生したブランドであるのにたいし、すでに大衆消費社会の誕生をみていた二〇世紀に誕生したシャネルは現代ブランドの本質をつかんでいたといっても過言ではない。

2　ブランドはパラドクス

ブランドは二重底

事実、シャネルは現代的なラグジュアリー・ブランドの本質を理解していたといってよいのではないだろうか。彼女のやったことをみるとそう思わざるをえない。

実際、シャネルにあっては、すべてがパラドキシカルで、二重底にできている。はじめにみたとおり、シャネルの出発点は「贅沢革命」であった。それまでのゴージャス・ファッションをシャネルはラディカルに覆した。それでいて彼女は、自分の創案になる新しい贅沢を決して安く売ろうとはしなかった——わたしたちが第1章で見た贅沢論をあらためてブランド論としてとらえかえすとき、シャネルのファッション・ビジネスのしたたかさに驚かずにはいられない。

先にみたとおり、シャネルにとって贅沢とは「古くから変らないもの」であった。にもかかわらず、シャネルは量産品の流通を礼賛した。量産品とは「新品」である。すぐに捨てられる新品を、なぜ彼女は奨励したのだろうか——もちろん、ビジネスのために。

シャネルは「変らないもの」こそ真のラグジュアリーだと知りつつ、季節ごとに「変るもの」を商品にするのである。自分自身は「着たきり雀」でいつも同じスーツを着ながら、シーズンごとに「新作」を市場におくりだす……モードというビジネスを維持するために。

シャネルは自分のこの二重性をよく自覚していたと思う。ヘードリッヒのシャネル伝はそれを印象的なエピソードで語っている。

第二次大戦前、シャネルをのぞくパリのオートクチュール協会のメンバーは、意匠権を擁護するため、「季節工芸保護委員会」なる珍妙な名称のトラストを結成していた。何度もみたとおり、シャネル一人は意見を異にしていたが、同輩の女性クチュリエ、マドレーヌ・ヴィオネの依頼をうけて、シャネルもまた協会のメンバーになることを承諾した。最後には結局脱会することになるのだが、入会のときのことを、彼女はこう語っている。

　季節手工芸のためにね。だけど、まじめな話、わたしは季節手工芸をやっているのではないかしらね。

　シャネルにとって、贅沢はシーズンとかかわりないもの、「歳月によって磨かれた」古い家具のように、何年も着られる古い服である。だが、ファッション・ビジネスは「シーズン産業」であり、シーズンのサイクルが早くなって、早く寿命をむかえれば、それだけビジネスのためにはありがたい。「一生もの」が贅沢だと知りながら、ビジネスは「季節もの」でないと成り立たないのだ。まさに、「モードは殺されることを望んでいる」のであり、「早く死んでくれるほどビジネスにとってはありがたい」のである。この意味でもシャネルは著作権無用論者だったというべきだろう。

「偽物」は「本物のシャネル」

シャネルのこのしたたかな「二重底」がいちばんよくわかるのは、あのイミテーション・ジュエリーである。

彼女が貴金属を使わないアクセサリーを創りだしたのは、「本物の宝石」を廃絶するためだった。だがそのもくろみが実現するためには、そうして創った「偽物」が偽物にみあった低価格で売られてはならない。だからシャネルはそれらの偽物にとびきり高い値段をつけた。そうでなければ、それらのイミテーションはただの「安物」になってしまうからである。

そして、それは何も宝石だけのことではなかった。たとえばジャージーをとっても同じことだ。絹とジャージーとでは、もちろん絹の方が高価な生地である。にもかかわらずシャネルはイミテーション・ジュエリーの場合と同じく、ジャージーでできた服を、決して素材にみあった価格では売らなかった。それは絹のドレスと変らない価格で売られた。なぜならそれはシャネルのデザインだからである。アクセサリーについても事は変らない。シャネルの創った「偽物」は高い。なぜならそれは「本物」のシャネルなのだから……。

要するに、シャネルは価値の根拠を、材料費や制作費ではなく、クチュリエである自分の「名」においたのである。二〇世紀大衆社会を先取りしたこの起業家は、「ネーム」が「バリュー」になることを知っていたのだ。

3　無からの創造

しろうとデザイナー

あるいはむしろこう言うべきなのかもしれない。伝統のある他のメゾンとはちがって、無から出発したシャネルは、「自分自身」以外にバリューの根拠を求めようがなかったのだ、と。

実際、シャネルはデザイナーとしてずぶの「しろうと」であった。たとえばポワレをみても、独立して自分のメゾンをかまえる以前は、まずはドゥーセの店に見習いとして雇われ、次にウォルトの店にひきぬかれてしばらくそこで働いている。そうして先任者の技量と経験に学んで修業を積むのがクチュリエという職業の常道であった。ところがシャネルは、正規に裁縫を習ったわけでも何でもない。孤児時代について黙して語らないのでシャネルの娘時代は謎のままだが、おそらくこの孤児院の日課の一つに裁縫があったと思われる。いずれにしてもシャネルはまったくの「しろうと」デザイナーである。

シャネルのしろうと性は、同じフランスのほかのラグジュアリー・ブランドと比較しても際立っている。たとえばルイ・ヴィトンを例にとると、創業は一九世紀、一八五四年にさかのぼる。ヴィトンもまたウォルトと同じく第二帝政時代に誕生し、時の皇后ウジェニーの御用商人となって、そこから今日の繁栄を築いたメゾン・ブランドの典型である。帝室御用達という栄誉はルイ・ヴィトンに絶大な信用を授けた。ルイ・ヴィトンのルーツをたどってゆけば、そこには皇帝という信用の「根拠」が存在している。

もう一つのラグジュアリー・ブランド、エルメスをみても同様で、創業はルイ・ヴィトンよりさらに古く、一八三七年にさかのぼる。顧客はいずれも一九世紀の貴族たち。鞍をはじめとする馬具は、当時の馬車と同じく、すべて職人によるハンドメイドであった。三代目当主エミール・エルメスがそのハンドメイドの技能をバッグなどの生産に活かして、製品の方向転換をはかり、現代にマッチするメゾンをオープンしたのはようやく二〇世紀初頭のこと。現在の当主は五代目に当たる。エルメスもまたヴィトンと同じく伝統を誇る老舗ブランドの典型なのである。

帝室御用達に始まる顧客のエリート性、そして時代から時代へと受け継がれてきたメゾンの伝統……宝飾のカルティエやブシュロン、クリスタルのバカラ、銀器のクリストフルなど、フランスのラグジュアリー・ブランドはみなほとんど同じように一九世紀創立で、長い伝統を自社ブランドの旗印に掲げている。

それらのラグジュアリー・ブランドにくらべるとき、シャネルというブランドはまったくの新参であって、伝統もなければ、権威ある顧客も誰一人としていない。シャネルほど「起業家」という呼び名がふさわしいクチュリエはいないだろう。

自分自身以外に、価値の根拠となるものを何一つもたない、無からの創造。シャルル＝ルーの伝記はこのシャネルを次のように語っている。

彼女が創造したスタイルには、どんな文化も学問もからんでいないし、どんな歴史の記憶もない。

彼女は一人の発明者であった。

彼女が生みだしたさまざまなフォルムはまさに彼女が生みだしたものであって、それとわかる目印もなければ暗示もなかった。これは、日常性に従わない一切の権威や、農民の古い遺産に結びつかない一切の指導原理を彼女が拒否したからである。

ネームというバリュー

「一人の発明者」である彼女は、先行するいかなる権威にも従わずに無から自分のフォルムを創りだした。ブランド論としてシャネルを考えるとき、わたしたちはシャルル＝ルーの言葉をひき継いでこう言いたい誘惑にかられる。つまりシャネルは、一切の価値の根源＝根拠に自分以外をおかなかったのであり、自分の名を一個の権威にしたてあげたのだ、と。

それというのも、ブランドの成立には「名」と「権威」という問題が大きくかかわっているからである――ちょうど、貨幣論に権威論と信用論が不可欠であるのと同様に。しかも、シャネルというブランドと他のラグジュアリー・ブランドを分けへだてる大きな分岐点がここにかかっている。

順を追ってみてゆこう。

問題なのは、「名の力《ネーム・バリュー》」である。シャネルの創ったアクセサリーは、貴金属でもないのに、とんでもなく高い値がついている。なぜか。そこにシャネルという名がついているからだ――いま述べたこの「シャネル」はおよそあらゆるラグジュアリー・ブランドにおきかえ可能であって、カルティエだろうとエルメスだろうと、トップブランドなら何でもかまわない。同じようなデザインであっても、そこにたとえばエルメスの名がついていれば、桁ちがいに値がはねあがる、そのマジカルな価格＝価値の根拠となっているのがブランドの「名」なのである。

こうしていま問題にしているのはブランド名、つまりは業者の名前だが、ブランドに限らず一般に名は権威を表わす。もっともわかりやすい例が貴族という制度である。名門貴族という言葉があるとおり、家名とは力の表徴にほかならない。ウェストミンスター家といえばイギリスにかくれない名家であり、およそ貴族の「力」は血（生まれ）と家の力にその起源＝根拠をもっている。

貴族VS.ブランド

ここで貴族の家名をもちだすのは、ほかでもない、それがいわゆる「ブランド」の生誕に密接なかかわりをもっているからだ。かつてわたしはブランドを語った別の本でこの問題にふれて、節のタイトルにこう謳ったことがある——「貴族にブランドは存在しない」と。

事実、貴族社会にブランドなど存在しない。なぜだろうか。貴族の家名の力が業者の名の力を上まわっているからである。バリューがあるのは顧客である貴族の名の方であって、その名が業者に信用を授けているのである。たとえば、帝室御用達がいちばんわかりやすい例だろう。「帝室御用達」という看板は、店の信用にとって絶大な威力をもつ。皇帝の威力が信用の根拠なのである。あるいはまた、次にみるポワレの例も興味深い。貴族の権威とオートクチュールのプレスティージの関係をありありと伝えているからである。

ある日のこと、ポワレのメゾンにグレフュール伯爵夫人が仮縫いに来た。グレフュール家はパリ社交界にかくれなき名門、かの文豪プルーストの小説『失われた時を求めて』に描かれる名門貴族ゲルマント公爵夫人のモデルになったのがこの伯爵夫人である。夫人は、ポワレが姿を見せて挨拶すると、傲然《ごうぜん》と胸をそらせ、侮蔑に満ちた様子でこう言った。「わたしは、あなたがお針子風情の衣装しかつくれないのかと思っていましたわ。あなたに貴婦人のドレスがつくれるなんて、思ってもみませんでした」。尊大きわまりない夫人の態度と言葉にこめられている意味はこういうことだ――お前はいやしい商人ではないか、わたしのようにやんごとない身分の貴婦人を顧客にして名誉に思え……。

伯爵夫人からしてみれば事態はまさにそのとおりなのであって、たとえ相手が豪商であろうと商人というのはいやしい存在にすぎない。かれらのブランド名など、名門貴族の名に比較すればまったくものの数でもない。貴族にブランドなど存在しないのである。「御用商人」という表現は、こうした貴族の顧客と商人の関係をよく言い表わした言葉であって、「御用商人」という語が意味をもつ社会であるかぎり、ブランドなるものは成立しない。あのアメリカがブランド好きなのは、貴族の伝統をもたないデモクラシーの国だからだ。そもそも御用商人という概念じたいがアメリカには存在していない。

「御用商人」の時代

シャネルがブランドをたちあげた二〇世紀初頭、御用商人という語はまだ生きていた。一九世紀は終わったとはいえ、社交界で貴族勢力はいまだ一つの力であった。先にふれたプルーストの大長編『失われた時を求めて』は、まさに今ふれたグレフュール伯爵夫人のような名門貴族の集うサロンと、芸術家たちを集める新興ブルジョワジーのサロンとの新旧二つのサロンの勢力交代劇を描いた小説である。そのプルーストの小説の刊行が始まったのが一九一三年のこと。ちょうどシャネルがパリに出てきた頃である。その頃、貴族の名は依然として商人の名より力をふるっていた。その時代のことをシャネルは次のように語っている。

モーリス・ロスチャイルド家のパーティでのこと、大宝石商のカルティエがベルギー大使のカルティエ・ド・マルシェンヌ男爵と間違えて招待されたことがある。カルティエ夫妻の来訪が告げられたとき、モーリス・ロスチャイルドははっきりと、そして友人たちが等しく彼に認めていたあの横柄さをもって、これは誤りであること、家には出入りの商人は招待しないということをいい渡した。「……もちろん」と彼は続けた。「サロンを一まわりして画や家具をご覧になりたければ、それはちっともかまいませんよ……」

カルティエ夫妻はただちに踵を返した。（ヘードリッヒ）

シャネルの登場した時代はまだこのような時代だったのだ……。それで、当のシャネル自身はどうだったのだろうか。ヘードリッヒにむかって、シャネル自身がこう答えている。「わたしは、クチュリエたちを人気者にするという流行をつくりだしたのよ」

言葉どおり、シャネルは誰の御用商人でもなかった。シャネルはモードに革命を起こしただけでなく、クチュリエの社会的地位を変えた革命児でもあるのである。

ここでもまた時代の風が彼女に味方していた。プルーストの小説に出てきそうな閉鎖的貴族サロンも依然として存在していたが、まさしくそのプルーストが描いたとおり、芸術家たちを中心にした新しい集いが流行りはじめたのがこの時代である。若い女性が一人で外出するようになり、ココ・シャネルがその一人であるモダンガールがストリートに姿を現わしはじめた二〇年代、旧来の「サロン」が色褪せはじめ、代わって「パーティ」が流行りはじめていた。だからこそ、「サロン」のモードもまた覆される趨勢にあったのだ。

4　ブランドとは伝説である

セレブの誕生

そうした時の流れのなか、名門貴族に代わって、人々の口にのぼる新しい「名」が登場してくる。生まれでも、才能だけでもなく、その存在がオーラを放つ名、すなわち「有名人《セレブ》」である。芸術家であれ貴族であれ、はたまた高級娼婦であれクチュリエであれ、生まれでも職能でもなく、何かとは定義しがたい何かによって、人々の注目を集めて「時めく」ひと。社会のメディア化とともに浮上してくるこの種族をセレブと名づけるとすれば、シャネルはまさに時のセレブになってゆく。歴代のクチュリエ、いや歴代のブランドの当主たちのなかで初めての——。

実際、「わたしはクチュリエたちを人気者にした」というシャネルの言葉は謙遜すぎるほどで、シャネルこそは、二〇年代パリにきららかに輝く時代の寵児であった。

事実、シャネルの創った商品は、香水であれ、ドレスであれ、ビジュウ・ファンタジーであれ、本当によく売れた。だが、シャネルが同時代のクチュリエと大きく異なっているのは、商品と同じくらい、作り手の名が売れたということである。たとえば、他のブランドを考えてみればすぐにわかることだが、先にひいたカルティエにしても、ヴィトンやエルメスにしても、その製品は世界に冠たるブランド品として認知されてはいても、作り手たちが時代の寵児となったことは一度としてない。妙な言い方だが、名声は商品の特性ではあっても商人の特性ではなかったのである。

ところがシャネルは、つくりだす商品と同じくらい、いやそれ以上の評判を勝ちえた。

一九世紀では考えられないことだったが、貴族社交界の影にかくれて表舞台に姿を見せなかった「商人」が、今や時代の寵児になってゆく。ココ・シャネルの登場以前と以後で、社交界は大きく変貌を遂げるのである。シャネル自身に語らせよう──
「社交界は、クチュリエの店から届いた箱は開いても、クチュリエ自身には門を開かなかった。大戦後は、先に言ったとおり、わたしは社交界でひっぱりだこだったわ。全パリが知ってることよ」

彼女の言葉どおり、ココ・シャネルの名は社交界のビッグネームであった。ここにはまた、社交界じたいの変貌も手伝っていた。それまで社交界といえばフォブール・

サンジェルマンに居をかまえた名門貴族たちのサロンであったものが、世紀の転換と共に芸術家たちのサークルが話題になりはじめたのだ。たとえば詩人のジャン・コクトーが牽引して仲間の溜まり場にした芸術バー「屋根の上の牡牛」などは二〇年代パリのトレンディ・スポットの代表である。シュルレアリスムの詩人たちから作家のポール・モランまで、幾多の芸術家たちが夜な夜なここに集っては浮かれ騒いだ。

こうした流れのなか、時の寵児といえばサロンの貴婦人よりむしろ芸術家の名があげられるようになっていた。たとえばピカソはこうしたセレブの代表であり、ロシア・バレエを率いたディアギレフもそうである。二人とも、芸術サロンの女王ミシア・セールをとおしてシャネルと親交を結んでいた。実業家シャネルはこうして台頭してきた芸術家グループのパトロンヌとなり、かつその女王的存在ともなったのである。彼女とともに「御用商人」の時代は過去のものとなったのだ……。「屋根の上の牡牛」の仲間の一人であった作家モーリス・サックスの『幻惑の一〇年』は、こうして時のセレブとして輝いたシャネルの肖像を生き生きと語っている。

——シャネルは、いまだかつてパリに前例がなかったような女性像を創りだした。

その影響力はデザイナーという仕事の領域をはるかに超えていた。彼女の名は、政界や文学界で名士の名が記憶に刻まれるのと同じ仕方で人びとの心に刻みこまれた。シャネルはそれまで弱者とされてきた女性の神話を打ち破り、全能の力をもった新しい女を表わしていたのだ。……幸運にも私は、シャネルの名声が絶頂期にあった時期に彼女と知りあえた。シャネルの望むところ、行く手を阻むものは何一つなく、彼女の気性のすべてが、視える力と視えない力のきらめきを放っているようだった。全パリが彼女に従うかのようだった。

——パリのありとあらゆる家で、全ヨーロッパで、全アメリカで、シャネルの名が口にのぼった。彼女の名声は世界に馳せていた。（Maurice SACHS, *La Décade de l'illusion*, Gallimard, 1950）

メディア仕掛けの伝説

シャネルの名は華やかな夢のオーラをおびて二〇世紀の空にきらめいていた。

だがここで大切なのは、そうしてシャネルがセレブとしてときめいた事実よりも、シャネルがその名声を自分のブランドの基盤にすえたということである。いかなる王侯貴族も顧客にもたず――たとえもっていたとしても、メゾンの威信を顧客の名に頼ることなく――ひたすら自分の名声をブランドの起源にすえること、シャネルがそれまでの伝統的ブランドとちがっていたのはまさにこの点であった。つまりシャネルは自分の名を一つの「伝説」に変え、それをもってブランドの根拠にすえたのである。

そう、ブランドとは「伝説」にほかならない。口から口へ、時代から時代へと語りつがれる物語……こうして流布される伝説こそブランドをブランドとして認知させる力である。その伝説を維持するのに、一九世紀までは、「伝統」が負っていた力を、二〇世紀は「有名性」が果たすことになる。シャネルはこの新しいブランドのありかたの先駆者であった。

事実、シャネルほど自分の伝説に敏感だった人間はいない。その大きな理由の一つは、彼女が少女時代の真実を世間に隠し続けた、履歴の「闇」の部分のせいでもある。彼女はこの意味でも自分のヒストリーを捏造し、神話化したのはよく知られた事実である。モランにむかってシャネルは言う。

人間、誰しも伝説があるわ、馬鹿げた伝説もあれば夢のような伝説もある。わたしの伝説ときたら、パリの人から田舎の人から、馬鹿者も芸術家も詩人も社交人士も、みんなで寄ってたかってこしらえあげたもの。（……）とにかくわたしの伝説には壊せない二本の柱がある。一つは、わたしの出。いったいどこからやって来たのか。ミュージック・ホールで働いていたとか、オペラの踊り子だったとか、それともラブホテルで働いていたとか。残念ね、もしそうだったら面白かったでしょうに。

ここでのシャネルの言葉はかなり正直なものだとうけとめてよいだろう。第1章でふれたように、スイスの地でモランを相手に語ったとき、本にするという約束もなかったので、シャネルは相当フランクに話しているからである――それでもなお、少女時代を過ごしたのはリムーザンの孤児院でなく「ブルターニュの二人の叔母たちの家」になってはいるが。こうして過去を隠し続けたシャネルは、それだけに自分の「出」にたいそう敏感で、さまざまなつくり話を捏造した。

それというのも、大実業家となったシャネルは気に入ったジャーナリストや作家を選んで自分の伝記を書かせようと試みたことが一度ならずあったからだ。マルセル・

ヘードリッヒもその一人であり、同じく『マリ・クレール』に執筆経験のあった作家のミシェル・デオンもそうだが、どちらが相手でも少女時代は同じように捏造されている。そうして結局シャネルの伝記は生前に日の目を見ることはなかった。彼女自身が気に入らずに出版をとりやめたケースがほとんどである。彼女の眼から見て「良く捏造された」伝記は無かったのだ……。

確かにシャネルの名声があがればあがるほど、闇のヴェールにつつまれた彼女の「出」は世間のうわさになったことだろう。モランの最晩年の『日記』は正直なシャネルの言葉を書きとどめている。「伝説に支えられる時もあるけど、伝説のおかげで身動きがとれなくなる時もあるわ」

だが、シャネルの場合、そうしたうわさによって、彼女の名声が傷つくことはなかった。むしろそれはいわば謎のヴェールとして人びとの好奇心をかきたて、彼女の神話化に拍車をかけたといってもいいのではないだろうか。メディア社会では「話題になる」ことじたいがプラス価値である。ここでも時代の風はシャネルに有利にはたらいていたのだ。

起業家シャネルは、ここでもまたその風をキャッチするのに聡かった。自分の名声以外に依拠すべきものを何一つもたない彼女は、ブランドのために自分の名を高め、そのためにメディアを大いに利用した。
一〇〇万部という破格の部数で創刊された『マリ・クレール』を話題にして、シャネルはヘードリッヒに次のように語っている。

シャネルのお客は、ヴォーグとかハーパーズ・バザーとかいったデラックスなモード雑誌を見ているでしょ。だから、そういった雑誌がわたしたちの宣伝をしてくれているのよ。発行部数の多い、ポピュラーな雑誌なら、なおのことといいじゃないの。そういった雑誌がわれわれの伝説を作ってくれるのだから。お客がうちの店にやってくるとき、彼女たちは魔法の場所の敷居をまたぐように思いたいのよ。これはちょっと通俗的な満足かもしれないけれど、それでも彼女たちはすっかり大よろこびなの。この伝説の中に自分も参加する特権を持つということでね。それは彼女たちにとって、スーツを一着注文するということ以上のよろこびなんだから。

ココはこう結んだ。
「伝説とは名声が不滅のものになることだわ」

虚業家シャネル

わたしたちは、ここでもまたシャネルの「二重底」に感心させられる。『ヴォーグ』や『ハーパーズ・バザー』は一握りの富裕階層のためのハイ・ファッション雑誌であった。それらの高級誌にとりあげられることは、モード界のお墨付きを得るようなものであり、現にシャネルも二〇年代のアメリカ版『ヴォーグ』に「リトル・ブラック・ドレス」をフォード・ドレスというコメントとともに紹介されたのが大きなステップアップになったのは先にもみたとおり。だが、ここでシャネルは、それらの高級誌にくわえ、一〇〇万という大部数の大衆誌にとりあげられるのを大いに歓迎している。ここでもまた「モードはストリートに広まって自然死を遂げる」というパラドクスは真実なのであって、大衆誌はそういう意味で本物を価値化する偽物と同じ役割をはたすのだ。

たとえばポワレと比較してみると、シャネルのこのスタンスはなおさら明瞭である。モードを芸術に近づけようとしたポール・ポワレは、自分の作品集をだすのに一流のイラストレーターを使った。そうしてできた『ポール・イリブの描くポール・ポワレのドレス』やジョルジュ・ルパップの挿絵による『ポール・ポワレ作品集』は、いまもコレクターの愛好の的になっている傑作だが、部数はせいぜい数百部にすぎない。やがてアメリカの出版社コンデナストがこれらのイラストレーターたちの才能を買いあげることから、『ヴォーグ』という雑誌メディアが誕生をみるのだが、そうして飛躍的に部数を伸ばした『ヴォーグ』にたいし、さらに桁ちがいの部数で創刊されたのが『マリ・クレール』である。

より広く、より多く——ストリートの精神を我がものにしていたシャネルは大衆誌がオートクチュールに果たす役割をよく知っていたのだ。そうして広く大衆に広まれば広まるほど、シャネルの名は「夢」の伝説のオーラをおびることを。ファッションが一個の「虚業」であることをシャネルはどのクチュリエより早く認識していた。だからこそ彼女は伝説の流布に誰より熱心だったのである。

しかもシャネルは、そうして伝説を流布させる一方で、自分自身の存在がそのまま「伝説」であることを明瞭に自覚していた。彼女は言う。「伝説を持つ人は、また伝説そのものである」——つまりシャネルは自分自身を「生きた伝説」にしたのだ。先にひいた『日記』のなかでモランはクールにこう語っている。「彼女は、マヌカンとして見られたいと望み、同時にひとの尊敬を得たいとも望んでいた」。つまりシャネルは自身がベストドレッサーとして模倣されることを望み、しかもたんなるマヌカンでなく、敬意を払われる「伝説」の人であることを望んだのである。

確かにシャネルは自分のつくるモードのベストドレッサーであり、しかも自分が創りだしたすべてのものの「発明者」であることを望んだ。ドレスから香水からアクセサリーにいたるまで、ココ・シャネルの名は、それらすべての「造物主」として永遠に生き続けなければならない……。ヘードリッヒはそのシャネルをこう語っている。「シャネル、シャネルの作品、彼女はただひたすらにそれであった。彼女自身から生まれ、彼女自身の手で、彼女の粘土で作られたものだった。いずれにしてもシャネルはそのほかの何ものでもなく、それ以上の何ものでもないのだ」

不滅のアイコン

そうして自分の存在を不滅のものにするためにシャネルが使ったメディアは雑誌だけではなかった。シャネルは写真というメディアも大いに利用したクチュリエである。時まさに写真メディアの黄金時代。シャネルがブランドを確立していった三〇年代はちょうど『ヴォーグ』の最盛期にあたっている。セシル・ビートンやエドワード・スタイケンなど、名だたるファッション写真家たちが活躍したのがこの時代である。複製コピーを大いに肯定したシャネルは、すべての複製芸術と強い絆で結ばれている。写真という複製技術は芸術的な絵画やイラストよりはるかにマスにアピールする力がある。たまたまシャネルの黄金時代と写真のそれとが重なったといえばそれまでのことだが、シャネルは本能的にこの写真という複製技術の力を見ぬいていたのではないだろうか。

いずれにしろ、自分自身を「生きた伝説」にしようとしたこの起業家は、写真というメディアによって自分の肖像を不滅のアイコンにするのに成功したといっていい。今日、よく知られているシャネルの肖像写真は、どれもほぼ同時期に、いずれも世界一流のカメラマンに撮らせたものである。現在（二〇〇八年当時）シャネル社のネットのホームページにも使われている、マン・レイによる「くわえタバコ」姿のポートレートはもっとも有名な一枚だが、一九三五年、シャネル五二歳の時のもの。同じく、自邸の肱掛椅子に身をもたせて横顔を見せているホルスト・P・ホルストによるそれも良く知られているが、これも一九三八年、五五歳の時のものである。ここでもまたシャネルはモダンガールのシンボルともいうべきシガレットを手に、例のビジュウ・ファンテジーを身につけている。シャネルがいかに自分の「アイコン」に意識的であったかを思わせる写真たちである。

「モード、それはわたしだ」

無から成りあがった起業家は、こうしてあらゆるメディアを使って自分の伝説を築きあげた。

その甲斐あって、ココ・シャネルは二一世紀の現在もなお世界に冠たるビッグネームとして名をとどめている。二〇世紀の終わりを迎えた一九九八年から九九年にかけて、朝日新聞が『一〇〇人の二〇世紀』と題した連載を組んだとき、キュリー夫人などと並んでシャネルの名があったことを思い出す。願いどおり、シャネルの名声はたんなるファッションを超えて世界にとどろいたのだ。

巨大ブランド帝国LVMH（モエ　ヘネシー・ルイ　ヴィトン社）を築いた経営者ベルナール・アルノーの語ったエピソードを思い出す。ファッションとはまったく畑ちがいの建設会社の経営に携わっていたアルノーが、ようやくディオールの経営権を掌握し、ラグジュアリー・ブランド帝国の基礎を築いた頃のこと、アメリカを訪れたときの話である。インタビュアーにむかって、アルノーは次のように思い出を語っている。

高級ブランド品産業はフランスにとって特別な存在ですが、それはひとえにブラ

ホルスト・P・ホルスト撮影のポートレイト。1937年。シャネル54歳。
Photo by Horst P. Horst/Conde Nast Collection/Getty Images

ンドの名声によるものです。初めてニューヨークを訪れたとき、乗り合わせたタクシーの運転手が言いました。「ああ、フランスね」私は彼にフランスの何を知っているか尋ねました。大統領の名前は？　「知らないね、でもクリスチャン・ディオールなら知ってるよ」驚いたことに、ディオールこそ世界で最も有名なフランス人なのです。私は事業の基盤となるような資産を所有したのだと確信しました。それ以後、仕事で世界を回る度に自分をフランスの〝移動大使〟のように感じたものです。（ベルナール・アルノー／イヴ・メサロヴィッチ『ベルナール・アルノー、語る』杉美春訳、日経BP社、二〇〇三年）

ここに語られている「ディオール」の名は、「シャネル」とおきかえてもそのまま通用することだろう。ファッションに関心のない人でも一度は耳にしたことのある名といえば、シャネルこそ、その最たるものだといってもいい。

事実、ディオールが登場する以前、シャネルこそはフランスを代表する名であり、「移動する大使」そのものだった。三〇年代、ハリウッドの映画産業が不振におちいったとき、プロデューサーのサムエル・ゴドウィンは年間一〇〇万ドルという破格の契約料でシャネルに渡米を依頼した。映画スターたちの衣装をシャネルにデザインさせて、観客に夢を売ろうというのである。アメリカ人にとってまさにシャネルこそは「夢」の名であったのだ。

実際、シャネル自身がそう語っている。「アメリカはすごいわ。わたしはアメリカが好き。わたしはあそこで財を築いた。多くのアメリカ人にとって、フランスとはわたしのことなのよ」

「フランス、それはわたし」——シャネルの言葉は、自分の名が夢の代名詞であることを自認した者の言葉である。同じように、シャネルの名は、モードの代名詞そのものといっても過言ではない。第二次大戦後、八年ちかくのスイスでの隠遁のあと、パリ・モードの舞台にふたたび復帰を果たしたシャネルは、その奇跡のカムバックによって自分の名を不滅にした。死の一年前、テレビインタビューでシャネルが語った言葉は、まざまざとそれを伝えている。時にシャネル八六歳。奇跡のようなカムバックを遂げてから十数年後、すでに彼女は不動の名声と実績を有していた。インタビューは、こうして一代を築いた人物の生涯を紹介するものである。そのなかの一こま。デビュー当時、いちやく時の寵児となった若き時代をふりかえって、キャスターが話をきりだす。「あなたが髪をショートにすると、ショートカットが流行りました。あなたはショートカットから革命を始められた……」

するとシャネルはこう答えるのである。転がり落ちる火山の溶岩のように怒りに満ちたあの声で。

ショートカットが流行したのじゃないわ。わたしが流行ったのよ。

「わたしが流行ったのよ」――このフランス語を直訳すると、シャネルの言葉のすごさがもっとよく伝わってくる。シャネルはこう答えたのだ。「モード、それはわたしだったのだ」

シャネル以外の誰がこんなせりふを言えるだろう。伝統もなく、家柄も学歴もなく、無から出発してモードの女王となった彼女にしてはじめて言える言葉である。

そう、モード、それはシャネルだ。願いどおり、彼女の伝説は不滅のものとなった。今日のシャネル・ブランドはその繁栄のすべてをこの起業家の伝説に負っている。

第5章　スタイルはライフスタイル

1 追憶の衣装

オートクチュールのベルエポック

「モード、それはわたしよ」――大胆な言葉どおり、シャネルの登場以前と以後とでモードの風景はドラスティックな変貌を遂げた。モランのシャネル伝も「序」で語っている。「シャネルが登場すると、たちまち戦前が色褪せた。ウォルトもパキャンも色褪せた」

そうしてシャネルが一掃してしまったモード、いったいそれはどんなものだったのだろうか。わたしたちは、シャネルのモード革命のインパクトを知るためにも、シャネル以前の「失われた衣装」を――ウォルトやパキャンといったオートクチュールの豪華な衣装を――知っておいた方がいいだろう。

シャネルより一まわり年長にあたるプルーストはモードを知悉した作家である。『失われた時を求めて』には随所でヒロインたちの衣装の数々が描きこまれていて、モード小説と呼んでもおかしくないほどだ。しかもプルーストはそれらの衣装を、シャネルとは逆の愛惜のまなざしで見つめている。たとえば、スワン夫人の姿を語る一節。

語り手は、エレガントな装いで名高い夫人の姿見たさに、夫人の散歩道になっているブーローニュ大通りに足を運ぶ。そのまなざしに応えるかのようにあでやかな姿を見せるスワン夫人……。

不意に、砂の敷かれた散歩道の上に、正午にならなければ開こうとしない世にも美しい花のように、こんな遅い時間になってもなおゆっくりとした足取りで、入念に身づくろいをしたスワン夫人が、毎回かならず違った衣装の花をそのまわりに咲かせながら——もっとも私が思い出すのはとりわけ薄紫色《モーヴ》の衣装であるが——登場するのであった。それから彼女の発する輝きが頂点に達するときが来ると、はらはらと散る花片のようなそのドレスと同じ色調の大きな日傘をぱっと開き、長い茎のうえにこの絹の旗を高く掲げるのであった。（マルセル・プルースト『失われた時を求めて』鈴木道彦訳、集英社、一九九六―二〇〇一年）

ブーローニュの森はベルエポックのトレンディスポットであり、そこに姿を見せるのが社交界の不文律なのだった。スワン夫人は「森詣で」をしている社交人士に出会うのをわかって姿を現わすのである。また別の日、夫人は今度は馬車で森へ出向く。庶民の目には女王かと見まごう「二つとないほど見事な無蓋四輪馬車《ヴィクトリア》」に乗って。

こうして、ひとに「見られる」ことを十二分に意識しつつ、優雅に着飾った姿を見せるスワン夫人は、もとはといえば浮名高い高級娼婦である。その意味でいわば着飾ることをなりわいとした彼女は、室内にいるときも、「囲われの女」にふさわしい衣装に身をつつんでいる。語り手は、スワン邸を訪れるたびに「なにかしら美しいドレスに包まれたスワン夫人を見いだす」。ある時にはタフタかと思うと、別のドレスは節織絹布《ファイユ》だったり、ビロードやクレープ・デシン、サテンに絹と、その一つ一つが独特の雰囲気をかもしだす。

そうしてスワン夫人が着こなしているどの衣装も凝った贅沢品で、いうまでもなくオートクチュールであつらえたドレスだったにちがいない。実際、スワン夫人のような高級娼婦こそワースやパキャンといったオートクチュールの良き顧客なのであった。その高価な衣装代を払うのはいうまでもなく愛人や夫である。男たちの財産を食いつ

ベルエポックのハイライフ情景。シャンゼリゼにて

ぶすほどに衣装や宝石に贅を凝らすことこそ彼女たちの勲章なのだから。

公爵夫人のワードローブ

こうした高級娼婦とならんで、オートクチュールの顧客となったのは歴とした貴婦人たちだった。プルーストの筆はこちらの貴婦人たちについても、その装いを細密な筆でたどってゆく。たとえば名門貴族ゲルマント公爵夫人の衣装。ゲルマント公爵夫人といえば、モデルの一人になったのが例のグレフュール伯爵夫人である。ポール・ポワレにむかって、仕立て商人を見下した態度をとった、あの気位の高い伯爵夫人だ。

小説に登場する公爵夫人も、その気位の高さと尊大さは社交界になりひびいている。ゲルマント公爵夫人は近づきがたい名門貴族の象徴的存在なのだ。その公爵夫人があたりを払うようにオペラ座に姿を現わす有名な場面を引用しよう。当時のオペラ座といえば、ブーローニュの森とならぶ社交界の大舞台、人びとの眼は舞台以上に桟敷席の社交人士の姿にそそがれている。桟敷席こそ、自分の姿をひとに見せるための舞台装置なのだ。

その桟敷席に、ゲルマント公爵夫人が、遅れて到着してやってくる。「女神らしい自信と威厳」をたたえた夫人の姿——「彼女の首と肩は、モスリンの雪のような波からあらわれており、その波の上に白鳥の羽根の扇が揺れ動いていた。ついでそのドレスは、胴部《コルサージュ》にちりばめた無数のスパンコール、棒状または粒状の金属片やブリリアントカットのダイヤモンドだけが唯一の飾りで、彼女の身体をまったくイギリスふうの正確さでかたどっていた」（同）

この日にかぎらず、語り手の眼に映る公爵夫人は、これまた実にとりどりの意匠を凝らしたドレスを身につけている。ある日は「靄《もや》のようなグレーのクレープ・デシンのドレスにふんわりと包まれている」かと思えば、別の日には「赤や黄の炎の模様がついた中国ふうの部屋着」。またある日には、「黄色いドレスに、大きな黒い花をつけた」夜会服……。

こうしてヒロインの装いを描いてゆくプルーストの筆は驚くべく精密さで、ドレスをはじめ髪飾りから靴にまで及んでゆく。たとえば公爵夫人のある日の金の靴。その靴を話題にした語り手にむかって夫人はこんな言葉をかえす。「あれは金のキッドで、ロンドンでコンスエロ・マンチェスターといっしょに買物をしているときに見つけましたの。(……)まるで金の皮みたい。あとは真ん中に小さいダイヤがついているだけですのよ」(同)

高級娼婦から公爵夫人まで、『失われた時を求めて』という小説のワードローブはベルエポックの贅のかぎりをつくしている観がある。プルーストが記憶の底からよみがえるそれらの衣装の数々にかぎりない追慕のまなざしを注いでいるからだろう。そんな女たちを顧客にした当時のオートクチュールの興隆のほどがわかろうというものである。

けれどもそれらの美々しいドレスは、新しい世紀と共に「失われた衣装」と化してゆく。

家の外へ

世紀末から新世紀初頭にかけて起こった変化の兆しは、まず第一に、「室内」から「室外」への移行であった。それまで女性というのは家の中にいる存在であった。家庭の女であれ「囲われの女」であれ、女は「アウトドア」と無縁な存在だったのだ。ところが、二〇世紀と共に次第にスポーツが流行りだしてゆく。テニスと自転車が、女性もまきこんで流行りはじめた二大スポーツだった。といっても本格的なスポーツ着が登場するにはシャネルを待たなければならない。それまで女性たちは、自転車に乗るにもテニスをするにも、コルセットをしたままの窮屈なファッションですごしていた。一九一三年、シャネルがドーヴィルというリゾート地で流行りはじめた事実をあらためて想起しよう。それまで海浜リゾートには海水着はおろか、リゾート着もスポーツウェアも存在していなかったのである。

進歩がみられたのは旅行着の領域だった。リゾートが流行となって夏にはパリを離れる習慣が定着するとともに、旅の衣装として「スーツ」が登場してくる。ことに紳士服の仕立て《テーラー》の本場イギリスはテーラード・スーツの先進国だった。上下に分かれているぶんドレスより脱ぎ着が楽なスーツは、ファッションのカジュアル化の第一歩だったといえるかもしれない。といっても、当時のスーツはカジュアルという語感からはおよそ遠く、スカートの長さは裾までのフルレングス、胸はコルセットで締めつけ、シャネルのジャージーウェアなどとは比べものにならないオールド・ファッションであった。

女たちの自由を奪うそうした衣装がすべて色褪せてしまうには、スタイル以前に、女の「ライフスタイル」そのものが変容しなければならなかったのである。

2　ギャルソンヌ

少年のように

実際、戦後になると、女たち、ことに若い娘たちのライフスタイルは劇的な変化をみせてゆく。二〇年代のパリ風俗を描いたモーリス・サックスの『屋根の上の牡牛の時代』は、彼女たちの変化をこう記している。「このノートに毎日日記をつけていたころ、若い娘たちが、付き添いなしに外出するようになったと書いたことがあった。それは、戦前には決して見られないことだった。しかもただたんに、午後買物をするためにひとりで出かけるだけではなく、夕方のこともあり、しばしばそれが明け方まででということになる。家族は彼女たちがどこにいるか知っているとはいえ、なにをしているかはまったくコントロールできない（……）この種の生活様式のもたらした、もっとも際立つ結果のひとつは、恋愛結婚の数が二倍以上にふえ、理性結婚をしのぐにいたったことである」（モーリス・サックス『屋根の上の牡牛の時代』岩崎力訳、リブロポート、一九九四年）

スポーツや旅行といった風俗の表層だけでなく、生き方そのものが新しくなろうとしていたのだ。一九二二年、その変容を語る一冊の小説が現れて、たちまち一〇〇万部のベストセラーを記録する。作者はヴィクトール・マルグリット。レジオン・ドヌール勲章を受けた歴とした作家だが、その作品がスキャンダラスに騒がれたのは、ヒロインがそれまでにない「新しい女」だったからである。

実業家の娘モニックは結婚前にフィアンセと愛しあう。若い娘が自分の意思で相手を選び、自由に恋をするようになったのだ。しかも、そうして自分自身で人生を選んだヒロインは、相手の男に幻滅したあげく、離婚をして職業的自立をめざす道を歩みはじめる……。二一世紀の現在につながる二〇世紀のライフスタイルがはじまりつつあったのである。乗り物は馬車から自動車へと変り、電話が各家庭に入りはじめてハイテク革命を経た新世紀、電話交換手からタイピストまで、女性の職場進出が目立つようになっていた。

Elégance et automobile en 1927, publicité du Bon Marché

ギャルソンヌ・スタイルが流行する。デパート「ボン・マルシェ」1927年春夏の広告新しいライフスタイルの変化を先取りしたこのベストセラー小説は、その内容と共に、風俗の表層にも大きな影響を及ぼした。タイトルが雄弁である。『ギャルソンヌ』――すなわち少年のような女の子。実際、ギャルソンヌは一目でわかるスタイルをしていた。そう、ショートカットである。

「自分たち」のモード

改めてシャネルの言葉を思い出す――「ショートカットが流行したのじゃないわ。わたしが流行ったのよ」。確かにシャネルこそは、ギャルソンヌそのものだった。男に頼らず一人で働き、そのライフスタイルにふさわしく髪を短くカットして、からだの動きが自由になるスタイルをした女。ショートカットにしたときのことを彼女はこう語っている。

一九一七年、わたしはふさふさとした髪を切った。初めは少しずつ切っていたけれど、最後は思い切って短くした。

――なぜ髪を切ったりなさったの？

――邪魔だからよ。

するとみなが口をそろえて、わたしのことを「少年みたい、牧童のようだ」と言いだした（そしてそれが女性への誉め言葉になりはじめた）。

まさしくシャネルは先駆的なギャルソンヌだった。彼女の言葉が嘘でなかったことは、先にひいたモーリス・サックスの描写からもうかがわれる。

シャネルはショートカットとイミテーション・ジュエリーを流行させた。

短い髪は女性のうなじを少年のうなじに似た感じをあたえたが、イミテーション・ジュエリーは、万事につけて質より量を好む時代に大いにうけた。

シャネルが始めたこの二つの流行はあらゆるところに広がった。世界中がこの流行を夢中で追いかけたといっても過言ではない。シャネルをおいてほかのどの女性がこのようなオーラを放つことができただろうか。

シャネルは時代の波頭を切っていた。彼女がつくりだすスタイルは、まさに「時代の表現」そのものだった。このときシャネルは三〇代。一九二〇年代になって、ようやく時代が彼女に追いついたといってもいいだろう。ショートカットからスポーツウエアにいたるまで、彼女が「自分のため」につくりだしたモードの数々が、そのまま「時代のため」のモードになってゆく。実際、シャネルの登場以前、モード界を席巻していた「モードの帝王」ポール・ポワレの弱みは、自分自身が着る当事者ではないということである。だからこそ着心地も問われることがなかったのだ。だが何より自分が着たいスタイルを追求したシャネルは「当事者」そのものだった。それこそ、シャネル・モードが流行った圧倒的な理由である。彼女は言う。

客船でもサロンでも大きなレストランでも、それが真の目的にかなったつくりになっていたためしがないのはなぜだかわかる？　一度も嵐にあったことのない設計士たち、一度も社交界にでたことのない建築家、夜の九時に寝て家で食事をするような室内装飾家たちが考えたものだからよ。それと同じことで、わたしより前のクチュリエたちは、仕立屋のように表に出ないで、店の奥に隠れている存在だった。だがわたしは現代の生活をした。自分が服を着せる人たちと物のやりかたも趣味も必要も共有していた。

『ギャルソンヌ』がベストセラーになったのと同様、「生きたギャルソンヌ」であるシャネルはまさに「時の女」だったのである。ふたたび彼女の言葉。

わたしは四半世紀の間モードをつくってきた。なぜだろうか。わたしが時代を表現することを知っていたからだ。わたしはスポーツ着をつくった。ほかの女性がスポーツをやっていたからではないわ。自分がスポーツをやっていたからよ。わたしはモードをつくるために外出したのではない。まさに外出していたからこそ外出のためのモードが必要だった。それは、わたしが初めてこの二〇世紀を生きた女だったからだ。

狂乱《レ・ザネ・フォール》のパリ

まぎれもなくシャネルの生き方は新しい世紀の刻印をおびていた。二〇世紀があけそめて、世界大戦の終結とともにヨーロッパが平和をとりもどし、「狂乱の時代《レ・ザネ・フォール》」と呼びならわされているこの華やかな二〇年代、芸術家を中心にきらびやかな面々がシャネルをとりかこんでいた。

先にもひいたモーリス・サックスの作品は、あげてこの二〇年代へのオマージュである。時代の寵児たちはみなこの芸術バー「屋根の上の牡牛」に集まっていたのだ。

コクトーはどうかといえば、この時代最大のプロデューサーであり、あらゆる新機軸の解説者、普及者だ。

それはそれとして、コクトー、ブルトン、ピカソといった面々が、ここ十年来パリの塩だったことをかくすのはやめよう。それに、サティ、ストラヴィンスキー、六人組、キュビストたち、あるいは彼らよりまじめであったにせよ、なかったにせよ、シュールレアリストたちとともに、彼らがたえまなく強烈な快楽の十年をぼくたちにもたらしてくれたことも。その思い出は、ぼくたちの死にいたるまで、決してぼくたちを飽きさせることはないだろう。

ロシア・バレエからパリの夜会まで、スウェーデン・バレエからアメリカ音楽の発見まで、「ガヤ」から「屋根の上の牡牛」まで、ぼくたちはなんというすばらしい青春をもったことだろう。

サックスの弾むような文体は、若い男も女も外出して浮かれ騒いだこの狂乱の時代の独特な雰囲気をよく伝えている。この時代のパリは、ギャルソンヌがストリートを闊歩するのにふさわしい浮かれた街、若い都市だった。生きたギャルソンヌであるコ

1929年『ヴォーグ』に掲載されたシャネルのジャージー・スーツ。小さなトップに短いスカートのシャネル・スタイルは典型的なギャルソンヌ・ルック

コ・シャネルはそこにきらめくスターであり、いまサックスがあげた人びとのほとんどがシャネルと交友を結んでいる。ポール・モランもまたこの芸術バーの仲間の一人で、聞き書きの『シャネル』は当時の仲間たち、ミシア、ディアギレフ、ピカソ、ストラヴィンスキーといった面々の思い出に多くの頁を割いているが、「一九二二年」と見出しのついた章などは、当時のシャネルのにぎやかな交友関係を生き生きと伝えている。

素敵な夜の思い出があるわ。カンボン通りのクリスマスのこと。コクトーが「六人組」を連れてきた。この若い音楽家グループはサティに率いられて開店早々の「屋根の上の牡牛」の常連になり、栄光の絶頂にさしかかっていた。プーランクは制服を脱ぎ、オーリックはイレーヌ・ラグーを愛していた。オネゲルもダリウス・ミヨーもまだ一家の父になる前だったけれど、もうその頃から、いわゆる「お荷物」をしょっていたわ。

新進気鋭の音楽家グループ「六人組」のポートレートに続くのは、いずれも二〇年代の寵児たちだ。ストラヴィンスキー、モラン、スゴンザック、ホセ・マリア・セール、ミシア・ゴデプスカ……。

錚々たるメンバーだが、なかでも最後にあげたミシア・ゴデプスカはシャネルと肩をならべる二〇年代パリのスター的存在であった。

ミシアという女

ミシアは、シャネルが生涯にわたる交友を結んだ唯一の女友達である。

フランス人を父に、ポーランド人を母にもち、母を亡くしたあとパリに移ってきたミシアは、貴婦人たちの集う旧弊な社交界にかわって流行りはじめた芸術サロンの女王であり、あまたの芸術家たちのミューズであった。彼女自身ピアノを弾いたが、ピアノの師ガブリエル・フォーレはこの美しい教え子に愛をよせた。美貌にくわえていわく言いがたい魅力をもったミシアは、イタリア画家ホセ・マリア・セールと結婚するまで、二度ほど結婚と離婚をくりかえしている。初めての結婚相手は従兄弟のタデ・ナタンソン。ナタンソンは、芸術雑誌『ルビュ・ブランシュ』を編集し、ヴェルレーヌからマラルメにいたる象徴派の詩人たちからヴュイヤールやボナールやロートレックといった画家たちまで、幾多の才能をひきよせた。ミシアはその画家たちのモデルをつとめて雑誌の表紙を飾った。ミシアは彼らのミューズであり、彼らの筆になるミシアの肖像画が何枚も残されている。詩人マラルメもまたミシアを崇めた一人で、マラルメが四行詩を書きこんで捧げた扇は仲間うちで有名な逸品だった。

シャネルがそのミシアと知りあったのは、恋人のカペルを亡くす少し前の頃である。シャネルという個性に強く惹かれたミシアは、取り巻きの芸術仲間に彼女を紹介し、新世紀の社交界の案内役をかってでた。ポール・モランもまたこうしてミシアを介してシャネルに近づいた一人だが、初対面のときのことをこう語っている。「その晩ミシアは以後シャネルの生涯の友人になる連中を全員シャネルの家へ連れて来ていた」「誰もまだシャネルの天才を知らなかった。やがて世界に知れわたってゆく彼女のあのキャラクター、権威的で、激越で、暴君的なあの性格はまだどこにも表われていなかった。ただミシアだけは、逸品を探りあてるあのバイヤーの嗅覚によってシャネルの成功を予見していた」

以後、ミシアとシャネルは生涯にわたる親交を結んでゆく。ミシアは芸術サロンの扉を開いてそこにシャネルを迎えいれたのだ。カペル亡きあと、この女友達は二〇年代のパリに精通してゆく最良の水先案内役を果たしたにちがいない。

シャネルによるミシア

シャネルはミシア以外の誰一人として女友達をつくらなかった。モランにむかって彼女はこう語っている。「わたしは女に友情なんて抱いたことがない。ミシアだけは例外よ」

こうしてシャネルはひとりミシアだけに心をゆるしたのだが、その理由が興味深い。なぜならその理由が、世評とはまったく逆のものだからである。それというのも、シャネルがミシアを愛したのは、その欠点のせいなのだ――「わたしたちは二人とも他人の欠点しか好きになれないという共通点をもっていた。欠点だらけのミシアは愛する理由に事欠かなかった」。実は先にひいた言葉もこう結ばれている。「よくできた女というのは女をうんざりさせるし、男にとっては退屈よ」まさしくミシアは「よくできた女」からもっとも遠い存在で、だからこそシャネルは彼女を愛したのである。彼女は言う。

うわべしか見ない人たちはミシアのことを「すこぶる知的」だと言う。だけど、もし彼女がそのとおり知的だったら、わたしはミシアを愛したりなどしなかったはずよ。わたしは「すこぶる知的」な女にふさわしいほど知的じゃない。ミシアはこう言うわ。「わたしたちは知的だという評判をちゃっかり頂戴しているのよね」

シャネルの毒舌は、ミシアとミシアをめぐる世評とを同時に斬って捨てて痛快である。そうした批評精神あふれる言葉をもう一カ所。

ピカソ、ストラヴィンスキー、ディアギレフにいたるまで、ミシアは大芸術家たちに囲まれて半世紀を生きてきたけれど、自分には何の教養もなかった。ついぞ本を開いたりしたこともない。

――この本、読んでみたら、ミシア。

――なんで？　いったいあなた、いつ読む時間があるのよ。

（……）

――ああ、何て長いの！

ある日バイロイトで「パルシファル」を聴きながらミシアが文句を言った。隣の席のドイツ人がカッとなって振り向いた。

——長いですって、マダム、あなたが短すぎるのじゃないですか？

ミシアは「知的」どころか、無分別そのものだったのだ。そして、その大いなる無邪気さこそミシアの魅力の源泉なのであった。

芸術コラボレーション

おそらくそれはシャネルだけのことでなく、ミシアを取り巻いた芸術家たちも、ミシアが「知的」な芸術論などぶったりしなかったからこそ彼女を愛したのではないだろうか。ふたたびシャネルの言葉を借りれば、「確かにミシアは創造はしなかったが、見えないところで創造に貢献し、創造をうながす発光虫のような存在だった」のだ。

そのミシアをとおしてシャネルは二〇年代のパリに輝いたまばゆいようなアーティストたちの世界に開眼した。この時期、シャネルは彼らとのコラボレーションになる作品を幾つも発表している。たとえば一九二四年にジャン・コクトーが台本を書いたオペラ風のバレエ『青列車』もその一つ。音楽はダリウス・ミヨー、舞台の緞帳の絵はピカソ、舞台衣装はシャネルという豪華メンバーの合作である。おりしも南仏リゾートの興隆期、パリとリヴィエラ海岸をつなぐ豪華リゾート列車「青列車」が開通したばかり。シャネルの手がけたスポーティでシンプルな舞台衣装はいま見ても斬新で、時代にあたえた新風がうかがわれる。

ミシアはギャルソンヌではなかった。少なくともその初期のスタイルにかんしては。数々の画家が残したミシアの肖像を見ると、むしろシャネル以前のロングドレスを優雅に着こなしている。その後シャネルと親しくなってゆくにつれ、イミテーションパールやニット・ウェアなど、ミシアはシャネルの作品をまとって人前に現われ、一種のモデルのような役割をはたしてゆく。

そうしてミシアとシャネルがともに生きたパリは世界でいちばん輝いていた都市だった。二〇年代のパリはロシア、ポーランド、スペイン、そしてアメリカまで、世界の芸術家たちをひきよせた芸術の都であった。このパリなくして、シャネル・モードのきらめきもなかったことだろう。この意味で、パリこそは「創造をうながす発光虫」そのものだった。たとえば彼女は友人のピカソについてこう語っている。「わた

上：「青列車」の舞台。衣装担当はシャネル
下：「青列車」のレコード・ジャケット

しとピカソとの出会いはパリでしかありえなかった（オーヴェルニュでは生きてゆけないし、マラガやバルセロナで一生を過ごせるものでもない）」

二〇年代のパリは国境もジャンルも越えたコスモポリットな都市であり、清新な自由の風が吹きぬけていた。若い女たちは夜遅くまで出歩いて自由に恋人を選び、ギャルソンヌが時代のアイコンになるようなモダン都市。こうしたパリ生活を背景にしてこそ、シャネルは言ったのだ。「わたしは現代の生活をした」「わたしは初めてこの二〇世紀を生きた女だった」と。

3　メンズ盗用

「厩舎のファッション」ふたたび

二〇世紀を生きる女がそれ以前と決定的にちがっているのは、あらゆる意味で家の「外」に出ること、そして男性と「対等」であろうとすることである。

シャネルの場合、それはフェミニズムといったようなイデオロギーからではなかった。孤児として過ごした少女は自活のために働かざるをえなかったのだ。そして、働きながらおしゃれをするには、それまでオートクチュールでつくられていた衣装を着ていてはできないことだった。

シャネルがモランにむかって、自転車に乗った娘のことを語っているのは実に印象的である。その若い娘は自分の分身なのだが、シャネルはこう言っている。「この若い娘は、自分の必要にかられて自分のモードをつくりあげたのだ。ロビンソン・クルーソーがひとりで小屋を建てたのと同じように」

必要にかられた、無からの創造。いかにもそれはシャネル自身である。

だが、その無からの創造には、一つの秘訣があった。メンズ・ファッションからアイディアを頂戴することである。実際、「厩舎のファッション」はすべて男性仕様のファッションだ。ジャージーは男性の下着に使われていた素材である。ベージュという色も同じ。ニットは海で働く男たちや農民たちの手仕事でできた仕事着である。そうした男たちの仕事着こそ、シャネルの創造の源泉にあったもの、シャネル・モードのアルファであった。のちにシャネルはこう回想している。


とにかくわかっていたことは、金のかかるものは決して自分には似合わないということだ。わたしはいつも羊の革のコートと質素な上着の着たきり雀だった。

——そんなに気に入っているのなら、いつも着ているその上着、イギリスのテーラーで「エレガント」につくりなおしたらいいじゃないか。

カンボン通りのすべてがカペルのこの言葉から始まった。

メンズ・ファッションを盗用すること。いかにもそれはギャルソンヌにふさわしい創造の業である。「カンボン通りのすべて」が大なり小なりメンズの盗用だといっても過言ではない。たとえばセーターもそうだ。男性の着るものであったセーターはおよそ女性ファッションの表舞台に登場するようなものではなかった。ところがあるとき、ミシア・セールはパーティの場に黒のセーターに造花一つという装いで姿を見せて、みなをあっと言わせた。もちろん、シャネルのアイディアである。

あるいは、いまやシャネル・モードの代名詞になってさえいる、あのチェーンベルトのショルダーバッグ。当時、肩にさげるバッグといえば、兵士の使う雑嚢しかなかった。巾着型の袋で、もちろんファッションなどとはほど遠い。だが物資が不足した戦争の折り、自転車に乗った女性がこれを使ったことがあったという。おそらくそう

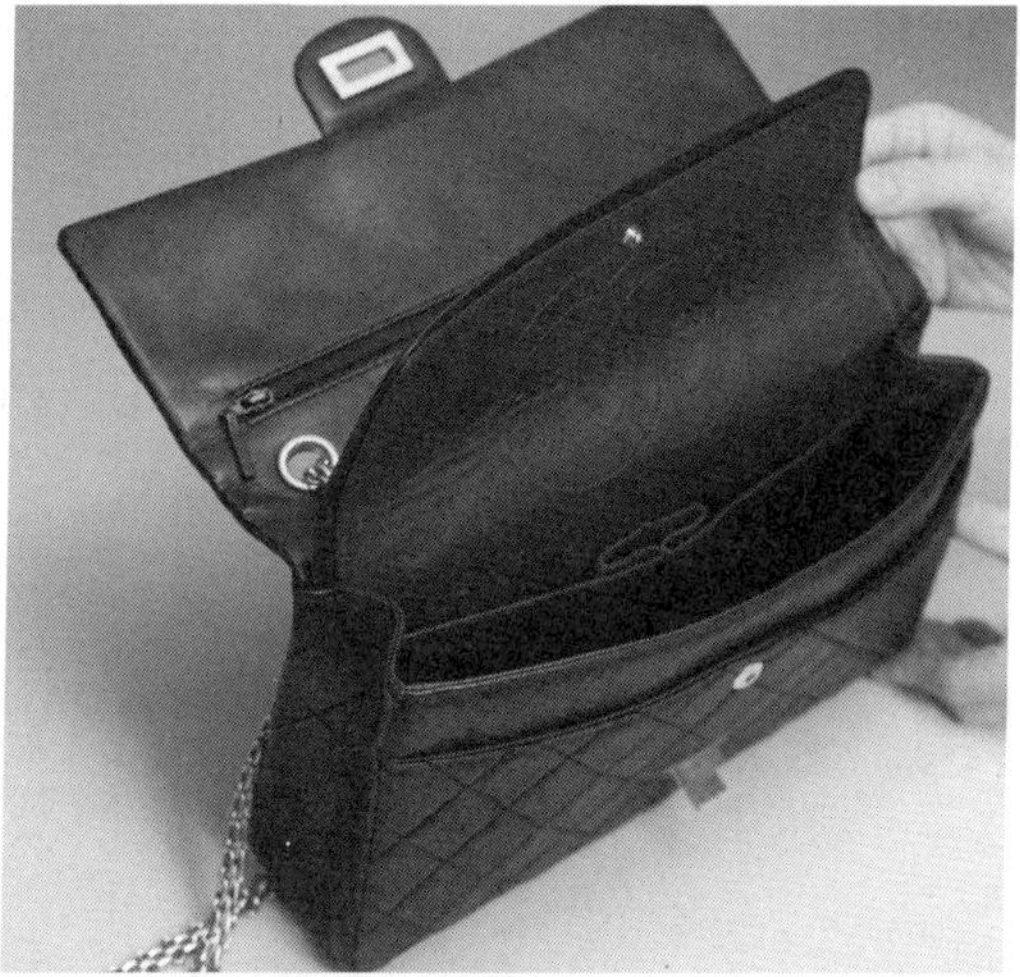

シャネル自身が愛用し、1955年2月にはじめて商品として発売したショルダーバッグ。中は口紅やコンパクトを入れる仕切りポケットがあり、たいへん機能性に富んでいる。内側の色がガーネットになっているのは、中に入れたものを見えやすくするため。2005年、シャネル社はこのメモリアルなバッグの復刻版を「2・55」と銘打って発売した

写真＝村上宗一郎

して目にした雑嚢を、シャネルは見事に変身させてエレガントなバッグに変えたのである。商品化されたのはずっと後の五〇年代のことだが、以前からシャネル自身が自分のために使っていた。紳士ものを「エレガント」につくりなおして、まず自分が愛用する、それがシャネルの商品開発の秘訣だった。その意味でいえばシャネルというクチュリエは「他人のニーズ」を調査する「マーケティング」という発想からもっとも遠いブランド・メーカーだったということもできるだろう。

シャネルは何よりまず、自分のために、紳士ものを愛した。紳士ものは機能的だからである。「お飾り」を排したシャネルは機能性を大事にした。帽子のデザイン一つとってもそれがよくわかる。第1章でふれたとおり、戦前に流行っていた婦人帽はとてつもなく大きく、花や羽根飾りでゴテゴテと飾りたてたしろものだった。ところがシャネルは、ボートマンはじめ男性が戸外でかぶるカンカン帽、「カノチエ」をアレンジして愛用した。

その帽子について彼女はこう語っている。「その頃わたしが競馬場で見かけた女たちは、果物やら冠羽などで飾り立てた巨大なタルトや羽根のモニュメントを頭にのっけていた。それより何より嫌だったのは、その帽子が頭に入らないことだった（わたしが言いたいのは、わたしのつくった帽子は耳までちゃんと入るということよ)」

帽子はきちんと頭に入らなければならないし、ポケットもちゃんと手が入らなければ意味がない。「厩舎のファッション」は実用的なのである。こうしてもとはといえば厩舎からアイディアを得たメンズ盗用のファッションはシャネル・ブランドの永遠の定番となって現代に生き続けているが、なかでも最大の定番というべきは「スーツ」だろう。先にもふれたように、旅行着としてのスーツはシャネル以前にも女性ファッションにとりいれられていた。イギリスのテーラー、レドファンはすでに一九世紀末から女性用のヨット・スーツや旅行着のスーツを広め、ロンドンだけでなくパリにも店をだしていた。スーツの本場はやはりテーラーの本場イギリスなのである。

だがシャネルの創ったスーツにインスピレーションをあたえたのは、貴婦人たちが着ていたオートクチュールのスーツではなく、やはり「厩舎」であった。修道院を出てパリにでてくる以前、ココはムーランというフランス中部の町にいたことがある。ムーランは騎兵たちの駐屯地だった。その騎兵たちの着ていた制服がシャネルにヒントをあたえたといわれているが、大いにありそうな話である。「良くできた服とは誰にでも似合う服である」――こう言って「マスの服」を愛したシャネルは制服を愛したのだ。

恋人のワードローブから

ところでシャネルにはもう一つ別のルートの「メンズ盗用」があった。それは、恋人のワードローブである。恋人の着用しているものこそもっとも身近なメンズ・ファッションであり、初恋のカペルと共に暮らしているときからすでにココは彼の乗馬服にヒントを得てシャツを着こなし、小粋にネクタイを結んでいる。カペル亡き後も、歴代の恋人の装いからシャネルは新しいファッションの想を得た。

なかでもいちばん多くインスピレーションを得たのはウェストミンスター公爵だろう。一〇年のあいだ、公爵の所有する艦船カティー・サークに乗船して英仏海峡を渡ったシャネルは、たとえば乗組員の水兵たちのかぶっていたベレー帽をおしゃれにアレンジしてみずからかぶり、商品にもした。あるいは、縞模様のマリン・ルックも公爵との生活のなかから生まれたアイディアだ。

それらの小物もさることながら、公爵との日々から得た大きな成果はツィードだった。あるとき、戯れに公爵のジャケットからズボン、靴まで拝借して着てみたココは、ジャケットの生地に使われていたツィードの着心地の良さと質の良さを発見したのである。一九二八年、そのツィードを使用したスーツを発表して以来、この生地はシャネル・モードに不可欠なものとなる。

こうしてみると、ツィードのスーツからベージュというシンボル・カラーにいたるまで、現在シャネル・ブランドの看板商品になっているアイテムのほとんどがメンズの盗用である。自分で自分の人生を選び、男性に依存しないライフスタイルを生きるギャルソンヌにはメンズ・ファッションが似合うのだ。飾りたてられた帽子やロングドレスを着ていたのでは、男の飾り物の人生しか歩めない。それこそ、この皆殺しの天使が抹殺しようとしたものであった。

第6章　はたらく女

1　自由の鍵

幸運の鍵をあたえた男

「二〇世紀を生きた女」、それは働く女である。

シャネルの場合、働くことはいわゆるライフスタイルの選択などではなかった。親に捨てられた少女は自活する以外に生きるすべがなかったのだ。いや、もう一つの選択肢がなかったわけではない。結婚してくれる相手を見つけて主婦になることである。だがシャネルは後者の道を選ばなかった。少女時代をふりかえっている彼女の言葉は、正直な気持ちだったといっていいだろう。

オーヴェルニュの子ども時代、叔母たちは口をひらけば言っていた。「おまえは先行き、金にこまるだろうね……」「どこかの農家がお嫁にもらってくれたら御《おん》の字だろうよ」。わたしは小さいときから、人間はお金がなければダメ、お金があれば何でもできるということがわかっていた。そうでなければ、夫に依存するしかない。金がなければ、誰かがわたしをもらいにやって来るのをじっと待っていなければならない。だが、もしその人が嫌いな人だったら？　ほかの娘ならそれでも我慢したかもしれない。だけどわたしは嫌だった。誇り高いわたしは苦しんだ。そんなのは地獄だ。だからいつも自分に言い聞かせていた。お金、それこそ自由への鍵なんだと。

「叔母たち」というのは、例によってシャネルがもちだすつくり話であって、真実ではない。けれども、小さい頃から男に依存しないで生きられる「自由の鍵」を求めていた感情そのものは偽りない真実といっていいのではないだろうか。また別のところでも彼女は語っている。「自由になるためにはお金がいる。お金は牢屋の扉を開けてくれる鍵だ。わたしはそのことばかり考えた」

実際シャネルは、過去については口を閉ざして語ろうとしないので、残された言葉はきわめて少ないが、エチエンヌ・バルサンのところへ身を寄せるまで、二〇代のココは修道院を出てから、さまざまな自活の道を試みている。ムーランの町では歌手を志し、もっと大きな温泉町のヴィシーでもデビューを望んだが、いずれもものになららなかった。

ココの人生に訪れた最初の幸運、それは、うたがいもなくアーサー・カペルとの出会いであろう。「彼に出会ったことは、わたしにとって人生最大のチャンスだった。女をおもちゃにしない男に出会ったのだから」。カペルは、帽子の店をだしたいという彼女の意思をうけとめて出資をかってでた。みずから石炭運輸会社を経営したこの青年実業家は経営についても何かとシャネルに支援を惜しまなかった。ロンドン社交界の花形であった彼はほかにも幾多の女たちに囲まれていて、孤児のココとの結婚など彼の人生設計にはありえない選択だったにしろ、確かにカペルはココをおもちゃにせずに人生を教えた男だった。それも、働いて生きる人生を。要するにカペルは「ギャルソンヌ」を愉しむことのできる新しい男だったのだ。そのカペルとの出会いこそ、シャネルの人生に訪れた初めての「幸運の鍵」だった。

はたらく快楽

こうして自由への鍵を握ったココは、はたらく快楽を見いだした。男に依存せずに生きる自由のよろこびを。ココ自身に語らせよう。

はじめはお金が欲しいと思って始める。それから、仕事が面白くなってゆく。働く楽しみはお金の楽しみよりずっと大きい。要するにお金は独立のシンボルにすぎない。わたしがお金に執着したのはプライドが高かったからで、物を買うためではなかった。物なんて、何一つ欲しいと思ったことはない。欲しかったのは愛情だけ。自由を買い取り、何が何でも自由を手にしたいと思っていた。

願いどおり、自由を手にしたココは一九一九年、カンボン通り三一番地へと店を広げる。現在まで続くシャネル帝国の基盤がすえられたのだ。時にシャネル三六歳。『ギャルソンヌ』がベストセラーになる三年前のことである。それから第二次大戦終結までの二十数年間、シャネルはひたすら「はたらく女」であり続けた。まぶしい時代の寵児としてもてはやされても、そんな名声に酔って遊ぶには彼女はあまりに働き者であった。オーヴェルニュの寒村で生まれ育ったシャネルは、「お飾り」を嫌悪するのと同じ感性で、のらくらと遊び暮らす寄生生活を嫌悪した。シャネルは「労働」の価値をからだで知っていたのである。彼女は言う。

成功しようとすれば、人間、働かなければならない。天からマナが降ってきたりはしない。わたしは自活するために自分でパンを稼いだ。友達は、「ココの手が触れると、すべてが金に変わってしまう」と言うけれど、わたしの成功の秘密は猛烈に働いたということよ。わたしは五〇年間、どこの誰よりもよく働いた。肩書きでも、運でも、チャンスでもなく、ひたすら働いて得たものだ。

実際、シャネルは輝かしい二〇年代パリのセレブでありながら、「屋根の上の牡牛」の連中のように毎日がお祭り騒ぎのような浮かれた生活をしようとしなかった。パーティ文化が花開き、女たちが一人で外出するようになったこの時代、シャネルはむしろ外出をしたがらない女だった。「フォーブル・サン＝トノレのカフェ《フロール》であわただしくお茶を飲むだけで、あとはカンボン通りでずっと働きどおし。そんな一日を終えると、わたしはもう外出したくなかった」。これは彼女の本音だったにちがいない。そんな彼女のことをコクトーはこう語っている。「君がどんな暮らしをしているか、ひとに言うつもりはないよ。朝七時に起きて、九時には必ず寝るなんて言ったって、いったい誰が信じるだろう」

自分の愛した簡素な制服のように、規則正しく、「お飾り」のない生活、それがシャネルの選んだライフスタイルだった。

情報を買う

だが、ビジネスには情報が不可欠である。他人のニーズのためでなく自分のニーズのために新しいモードを創造したシャネルだが、顧客たちの出入りする社交界の動向を知る努力を決して怠らなかった。この意味でシャネルは優れた経営センスの持ち主だったというべきだろう。興味深いのは、そのためにシャネルが貴族を雇ったことである。

とにかくわたしはあまり外出しなかったから、わたしのつくった服を着た婦人が出入りするような家でどんなことが起こっているのか、誰かから情報を得る必要があった。だからわたしは、前例のないことだけど、歴とした人たちを側において、自分と外界、内と外を結ぶ必要があったのだ。社交界のイギリス人や、ロシア、イタリア、フランスの貴族たちが使命を果たしにカンボン通りにやって来た。わたしはアナキストだというわさがたち、身分のある人たちに命令を下して彼らを貶《おとし》めては意地の悪いよろこびを味わっているのだとうわさされたわ。

シャネルが登場する以前、貴族社交界は「御用商人」を低くみて彼らに門戸を開かなかったのは先にみたとおり。ところがいまや商人のシャネルが彼ら貴族を雇う立場にたっている。モランの言葉を思い出す。シャネルを指して「羊飼いの復讐」と言ったあの言葉を。貴族を雇ったシャネルについて、世間はモランと同じ感想を抱いたことだろう。だがシャネルはこう言っている。「わたしは社交界の貴族たちを雇った。(貶めようとするためでもなかった。虚栄心を満たすためでもなければ、彼らを貶めようとするためでもなかった。(貶めようとは思ったけれど、そのためには別の方法を採った)。とにかく彼らは利用価値があり、私の用を務めてパリ中を駆けまわっては情報を提供してくれたわ」。

「別の方法」とは、ほかでもないあのイミテーション・ジュエリーの創造だろう。偽物を流行らせることによって本物を愚弄したあのやり方である。シャネルの復讐はストレートに「モード」を標的にし、貴族ファッションを流行遅れにしてしまうことだったのだ。だからシャネルが貴族を雇ったのは、情報を得るという「利用価値」以外の理由はないが、それにしても彼女が貴族を金で雇ったという事実は時代の転換を語って興味深い。

貴族vs.金

没落してゆく旧勢力の貴族と、上昇する新勢力のシャネル――二つの勢力関係の変転は、プルーストの小説さながらに面白い。有閑階級である貴族にとって、「働くこと」は不名誉の証、「働かない」ことこそ彼らの優位の証なのであった。ところがいまやブルジョワジーの富の力を前にして彼らの優位は失われつつある。当今は貴族が実業界に接近してくる時代なのだ。「働く」勢力の代表であるシャネルは彼らに手厳しい。

社交界の名士たちが祖先から継いだものは、商業上の誠実さのイロハにたいするまったくの無知。彼らにとっては毎日が日曜日、誰もが日曜紳士ね。事業などにかかわらなければ、社交界だけのことに限られていいけれど、何たることか、今の時代は彼らも事業に手をだしてくるのよ。社交界の名士がクチュール界でも君子である例などお目にかかったためしがないけど。

シャネルのこの貴族評は、おそらく具体的な人物を指してのことだ。これまた二〇年代パリ社交界の寵児の一人であるエチエンヌ・ド・ボーモン伯爵である。伯爵は名門貴族でありながら時の芸術家たちとの交友を愉しみ、コクトーらとも親しかった。シャネルはイミテーション・ジュエリーを創り始めてから、宝石のデザインにも興味を示し、一時期エチエンヌ伯爵にデザインを任せたことがある。その伯爵を、シャネルはこう評している。

わたしは仕事がどういうものか心得ているから、なまくらな相手には一度として報酬を払わなかったわ。エチエンヌ伯爵などはよく働いてくれたものだわよ。わたしのところから人材をひきぬいて自分の配下で使う始末だもの。(……)わたしは伯爵に暇を出したわ。支払った額にみあった仕事をしてくれなかったから。文学だろうとクチュールだろうと、しろうとがプロの位置を奪ったりしちゃいけない。稼ぐことをお遊びにするのはまちがっている。

稼ぐことをお遊びにするのはまちがっている——身をもって金を稼ぐ者だけが言える言葉である。「お飾り」を排したシャネルにとって、労働は真剣勝負そのものだったのだ。そう、「成功者」シャネルにとって、金はそのステータスを維持するのに無くてはならぬものだった。「物が欲しいなんて思ったことなど一度もない」という彼女の言葉は真実そのもので、彼女にとって金はたんなる購買力以上のものだった。ヘードリッヒの描くシャネル像は、よくそれを伝えている。

驚くべきことは、やはり、彼女が生涯を通じて「上流階級の人間と同等でいる」地位をかちえて、それを守るのに、必死になっていたということだろう。それに対してだれも異議をはさむものがなくなっていたにもかかわらずである。(……)彼女は超ブルジョワ時代の、何もかもじっと動かない時代に生まれていた。才能があるだけでは人に認められるには充分ではなかったはずだ。特に女性にとってはなおさらである。お金というものはそれでも家柄に代わる肩書きとなった。稼いだのが最近であればあるほど多く持っていなければならなかった。ココが息を引き取る日まで、お金を稼ぐことを諦めなかったのも、それで説明がつくのである。わたしはお金なんか要らない、と口癖のようにいいながら、一サンチームもテーブルの上に残したりはしなかった。

若きココにとって自由の鍵であった金は、そうして勝ち得たものを守るための鍵でもあったのだ。「はたらく快楽」はキャリアの女たちが現在あじわっているものだが、シャネルはそんなキャリアたちの先駆者であることを超えて、一代のステータスを築きあげた先駆者である。その意味で彼女は一〇〇年も時代を先取りした孤独なランナーだった。

2　シャネルの実用主義

何よりも実用を

こうしてふりかえってみるとき、シャネルの創りだしたモードは、まさにそのライフスタイルの表現そのものである。のらくら仕事を嫌悪した彼女は、役たたずの無駄なお飾りを廃絶した。働きやすい装いであること、実用的であること、それこそ彼女がモードに求めたものだった。

わたしは新しい社会のために働いた。それまでは、何もすることがなくて暇がある女たちや、メイドに靴下をはかせてもらうような女たちが服を仕立てさせていたわ。わたしの客になった女性たちは活動的だった。活動的な女には楽な服が必要なのよ。袖をまくれるようでなきゃ駄目。

プルーストが描いた女たちはまさに「メイドに靴下をはかせてもらうような」生活をしている女たちである。そんな女たちのモードとシャネルのそれがどれほどへだたっているかは、実は一言で言い表わすことができる。そう、シャネルのモードはメイドなどの手を借りずに「自分で着る」ことのできる服なのである。シャネル以前のオートクチュールは、人の手を借りて「着付け」をしなければならないような女たちを相手にしていたのだ。

シャネルは自分で生活し、自分で生活をまかなう「はたらく女」のためのモードを創りだした。ジャージーやツィードといった伸縮性のある素材といい、ベージュや黒のダークカラーといい、自分で着て働ける「実用」のモードである。シャネルがメンズの領域からアイディアを盗用したのも、メンズが実用的にできているからだ。

メンズから盗用できないものは、必要にかられて無から創りだした。こうした実用的なシャネル・モードについては前章でもふれたので、ここでは三つだけとりあげておこう。一つは靴である。晩年のことだが、シャネルは爪先の部分だけ他の部分と色のちがうバイカラーのヒールを製品化した。これは、爪先部分がいちばんに汚れてくるのを目立たせないようにするためと、足を小さく見せるためという、美と実用をかねそなえたデザインである。このバイカラーのヒールは現在もシャネル・ブランドの定番となっているが、それ以前にも、シャネルは「必要にかられて」サンダルを工夫している。

一九二…年のこと、ある日ヴェネチアのリドで、暑い砂の上を裸足で歩くのが嫌になり、革のサンダルが足の裏を焼くので、ザッテレ河岸の靴屋にコルク板を靴型に切らせて靴底にはらせてみた。一〇年後、ニューヨークの高級スポーツ用品店アバクロンビーをのぞいたら、ウインドーはコルク底の靴でいっぱいだった。

これ以上に有名なアイテムが、いまやシャネル・ブランドの代名詞ともなっているチェーンベルトつきのショルダーバッグである。メンズから盗用したデザインの機能性については前章でみたが、もともとシャネルがショルダーバッグを思いたったのは、まさに実用のためだった。「バッグを手にかかえていると、なくさないかと気になるのが嫌になって、一九三…年頃、バッグに革紐を通して肩にかけた。それ以来というものは……」

それ以来というもの、両手が自由になるこのショルダーバッグがバッグの定型としてすっかり定着しているのは周知のとおり。

もうひとつ、意外に知られていないのが、リップスティックである。働きながらエレガントであることをめざしたシャネルは携帯できる口紅が欲しいと思っていた。化粧直しをイージーにするためである。そのために彼女はスティック状の口紅をチューブにつつんでバッグに入れていた。やがてそのチューブが改良されてプッシュアップ式のケースになり、現在のようなリップスティックができあがってゆく。ここでもシャネルは「必要にかられて」無からの発明をやってのけたのである。

こうして彼女は何よりまず「自分の必要」から発してキャリアのためのモードを発明し、そのモードは見事に時代のニーズに一致した。カンボン通り三一番地に店をかまえた翌年の一九二〇年、全米で働く女性の数は八五〇万人を超えた。アメリカ人は実用精神に富んでいる。そのアメリカの顧客を大きな味方につけてシャネル・モードは繁栄をとげ、三〇年代には三五〇〇人の縫い子をかかえるまでになっている。

シャネルによる「女」

みずから働く女が働く女のために創ったモード、それがシャネル・モードである。つくる者と着る者が同じく女性であること。それがシャネルの強みであることはこれまでに何度もふれた。

だが実際のところ、モードの現場でシャネルは女たちをどのようにみていたのだろうか。当時のシャネルの顧客といえば、富豪や政治家の夫人たち、ハリウッドの映画スターといった面々だった。シャネルは彼女たちをどうみていたのか。

モランの伝記には、「女」について語った一章がある。シャネルは言う。「女を相手にして面白いことはめったにない。女に友情なんてもてないわ」「名誉という言葉は女には何の意味もない」

確かにシャネルは最晩年の孤独な時代は別として、ミシア以外に女友達をつくろうとしなかった。シャネルの毒舌は同性を斬って捨てて冴えわたっている。男の美化する女の真の姿をシャネルは語る。

――新しい服を見ると、女は分別をなくしてしまう。マヌカンの白いドレスを汚しても気がつかないほど……。女は男の真似をするが、男を良くするものは女をだめにするということを知らないのだ。

――知的な女は一〇〇万人に五人よ。誰がそんなことを言うのかですって？　女に決まってるじゃない。

こう言う一方で、シャネルはいわゆる「知的な女」にも手厳しかった。「だけど、逆のケースももっと嫌ね。女学者とか女詩人とか女政治家とか」「もしわたしが知的だったら(いわんやインテリだったら)、うまくゆかなかったと思う。無理解、人の言うことを聞きたがらない性癖、偏見、頑固さ、それこそわたしの成功の本当の理由だったのよ」。こうして「知的な女」を嫌ったシャネルはまた自分のことを「女実業家」だとみられるのも嫌がった。「計算だなんて、五本の指で数えているわ」というのは、シャネル一流の誇張だとしても、たとえば次の言葉などは本音ではなかろうか。

(……)女が金に執着するようになるとこわい。契約だの年金だの生命保険だの貯金の満期について話したりすると、美人の顔も台無しよ! わたしはね、ミーハーだから、自分の仕事のことだけ考えて、仕事が終わると、トランプ占いとかひとのうわさ話とか、その日の出来事とか、くだらないことしか考えないわ。

女を語るすべての言葉から伝わってくるのは、シャネルの孤独である。ミシアという例外をのぞいて、シャネルは女たちと自分の間に同性どうしのあの親愛感を抱いた気配がない。すでに孤児の少女時代からひとに心をのぞかせない性格だったシャネルはキャリアを積んでなおさら孤独なランナーになったというべきだろうか。

3　恋人たち

恋も仕事も

対照的に、シャネルの生涯は男の匂いに満ちている。結局、終世シングルで過ごしたが、ココ・シャネルはまことに恋多き女だった。ヘードリッヒはこう語っている。

一九三八年、ココのモード界へのデビューから三〇年も経たないうちに、メゾン・シャネルはヨーロッパに、南アメリカに、近東に、二万八千点の服を売っていた。彼女は四千人の職人を雇っていた。

彼女は言う。

「これだけのことを全部やって、その上とにかく恋もいっぱいある人生を送るのに、いったいわたしはどうやってこれたのだろう？　なんにしても、わたしの知っている女たちの人生なんぞとは比べものにならないくらい恋でいっぱいの人生だったのだから。よくもまあ、彼女たちはああして生きられるものだわね」

シャネルの生涯は、幾多の恋で彩られている。このキャリアの先駆者は、はじめから「恋と仕事」の二つを共に手にしたいと望んでいた。そして、願いどおり、あまたの恋人を手にした。なかでも初恋の相手アーサー・カペルは「絶対の男」であったといってもまちがいないだろう。「彼こそはわたしが愛した唯一の男よ」――モランにむかってシャネルはそう語っている。そのカペルは、シャネルがカンボン通り三一番地に店を開いたまさにその年の暮れに交通事故でかえらぬ人となった。彼女に自由の鍵をあたえた男は死によって絶対に高められたのだ。

そのカペルを別格として、二〇年代のパリのスターであったココは、取り巻きの芸術家たちと幾つもの恋を交わしている。作曲家ストラヴィンスキー、詩人のルヴェルディ、いずれもココに愛をささげた。すでにシャネルはクチュールの仕事で財をなしていたから、誰かと恋仲になるとシャネルがメセナとして彼ら芸術家を経済的に庇護するような仲だった。ストラヴィンスキーなどは一家をあげて一年間もシャネルの別荘に住みこんでいる。芸術家たちのメセナとしてふるまうこと。これもまたシャネルがミシアから学んだことだった。ミシアは二〇年代のパリを熱狂させたロシア・バレエの指導者ディアギレフの熱心な援護者だったが、シャネルがそのミシアに隠れてディアギレフの舞台のために大枚の小切手を渡した話はまさに「伝説」として語りつがれている。

スラブの贈り物「ナンバー5」

芸術家もさることながら、シャネルは王侯貴族を愛した。ウェストミンスター公爵といい、ドミトリイ公爵といい、彼女の大きな恋の相手の二人が共に国王や皇帝の血をひく貴族だったのは偶然ではないだろう。シャネルは自分の対極にある存在として、生まれの良い男を愛したのではないだろうか。

一九二〇年、カペルを亡くした翌年にシャネルが出会ったドミトリイ公爵はまさにそうした貴族であった。ロシア皇帝の孫にあたる若き公爵は、ラスプーチン暗殺にかかわって国外追放となり、召使い一人を連れてパリに亡命してきた。自分より八歳年下の公爵をシャネルはやはり別荘に住まわせた。

ストラヴィンスキーといい、ドミトリイ公爵といい、ロシア人はシャネルの心を動かす何かをもっていた。彼女はそれを「スラブの誘惑」と語っている。「ロシア人はわたしを魅了する。あらゆるオーヴェルニュ人のなかには、自分では気づかない一人の東洋人がいる。ロシア人はわたしのなかの東洋人を目覚めさせるのよ」

シャネルにとって、恋人の祖国はつねに創造のインスピレーションの源だった。ドミトリイに会って以来、シャネルのデザインにはルパシカ風のマントや凝った刺繍など、ロシア風のものがあらわれてくる。けれども、それ以上にドミトリイがあたえたものは、シャネル社の命運を握るほどの商品だった。そう、世界一有名な香水、「ナンバー5」である。公爵が直接製品の開発や発想にかかわったわけではないが、この名香を生みだした調香師エルネスト・ボーがロシア宮廷につかえていた使用人の息子だったという事実はたんなる偶然ではないだろう。ロシアこそは香水の本場、この天才調香師をシャネルに紹介したのがドミトリイ公爵だったということは大いにありうることである。

いずれにしろ、「ナンバー5」はシャネルがドミトリイ公爵を恋人にした一九二〇年に誕生し、翌二一年に発売された。

長く売り上げベストワンの位置をしめ、現代も上位三位に必ず入る「ナンバー5」は、それ以前のすべての香水を流行遅れにしてしまう画期的な香水だった。それまで香水といえばジャスミンや薔薇といった自然の花の香りがベースになっていたものを、「ナンバー5」は八〇種類以上のエッセンスを贅沢に使った。さらに、香りを安定させるためにアセトアルデヒドを用いた点で画期的にモダンな製法だった。

モダンなのは香水だけではない。それを入れるシンプルな容器と「ナンバー5」というネーミングが革命的に新しかった。シャネルは、ドレスにまでロマンティックな名前をつけるオートクチュールの風潮を「クチュリエ的ポエジー」と名づけて舌鋒するどく批評している。「そのごたいそうな叙情性は服の命名のときからもう姿をのぞかせている。服の名というのは、ほかの店ではそれがコレクションの飾りになっているからよ。あまりにお笑い草なものだから、わたしは自分の服にはナンバーしかつけないことにした」

「ナンバー5」という名はこの批評精神が生みだしたものである。その斬新さは、それまでの香水に流行遅れのレッテルをはった。

クチュリエが香水を手がけるのはシャネルが初めてではない。ここでも先駆者はポール・ポワレである。ポワレは薔薇をモチーフにしたブランド・マークをつくり、香水も「ロジーヌ」と名づけて売りだした。すでにポワレはトータル・コーディネートという発想をそなえていたのである。けれども、ポワレの手がけたものはことごとくシャネルによって乗り越えられて、現代に残るのはシャネルだけという事実は、シャネルのライフスタイルと現代の女たちのそれが基本的に連続しているからだろう。

恋か仕事か

恋人のことに話をもどそう。一年間のあいだ、ドミトリイ公爵とシャネルはむつまじく過ごした。彼女がウェストミンスター公爵と出会ったのはその二年後である。一〇年にわたるウェストミンスターとの関係についてはすでにみたが、シャネルがヘードリッヒにむかって語った言葉は、世の注目をあびながらキャリアと恋の二つを生きていたシャネルの胸中を明かしている。

もし、ウェストミンスター公に会っていなかったら、わたしは気が狂っていただろう。わたしはあまりに感情の揺れ動きが激しく、あまりにごたごたが多すぎた。わたしは自分が好きだった小説をそのまま生きていた。それもひどくまずく！　あれやこれやのあいだで、この男やあの女のあいだで、その上この仕事（自分のメゾン）をかかえて、それもどうしてこれほど成功しているのかよく分からないまま、あの驚くべき時代のまっただ中で、わたしは強烈に生きていた。もうあんな時代はなくなってしまった。わたしは、人がもっとも話題にする人物だった。みんながわたしを知りたがり、みんなが、わたしのように服を着たがった。

世界のセレブだったシャネルは、ふつうの男を恋人にするにはあまりにビッグネームすぎた。イギリス一の富豪の公爵を相手にして、ようやく均衡のとれる関係を手にしたともいえるだろう。ヘードリッヒが二人の関係を次のように述べているのは的を射た見方ではないだろうか。

ただウェストミンスターだけが、普通どこにでもいる、ごく慎ましい男が、どうやら地位を得たあと自分の妻にあたえるもの、つまり何の心配もない幸せというものを彼女にあたえていた。ウェストミンスターといることはすべての人といることに匹敵した。どちらがあたえてどちらが受け取るなどということは気にしなくてもよかった。囲われているとか囲っているとかいうこともなく、計算もなければ底意ということもまったくなかった。自然で単純な愛というものを、ココは、世界で最も金のある男としか知ることができなかったのだ。

シャネルが公爵との結婚を考えたことはすでに述べた。公爵が望んでいた子どもをあたえたいと願ったのもおそらく事実だろう。シャネルは四〇代の後半にさしかかっていた。だが結局シャネルは「メゾン」を選んで、結婚を選ばなかった。このときのシャネルの決断の言葉は、まさに「伝説」として語りつがれている。伝説のせりふはこうだ。「ウェストミンスター公爵夫人なら三人いるけど、ココ・シャネルは一人しかいない」。真偽はともかく、「ココ・シャネル」という名がどれほど生きた伝説になっていたか、よく物語る話である。

最後の幸福

ウェストミンスター公爵夫人の座を望まなかったシャネルが結婚を決意した相手、それがポール・イリブである。

公爵と別れてほどなく、シャネルはアメリカに渡った。ハリウッドに招かれたのだ。

シャネルに映画スターの衣装をデザインさせて、人気にかげりが出はじめた映画産業に活をいれようというプロデューサーの狙いで、一年で一〇〇万ドルという破格の契約料が用意された。シャネルはミシアをともなってアメリカの土を踏んだ。そのアメリカで、映画の舞台デザインを担当していたのがイリブだった。二〇年代から三〇年代にかけて、アメリカは広義のデザインの領域でヨーロッパの才能を多く集めていた。イリブもその一人で、このイラストレーターは、ポール・ポワレの衣装デッサンでデビューした後、漫画からイラスト、写真から舞台装置まで、広く装飾芸術に才能を発揮した。

この頃、シャネルは本物のダイヤモンドの宝石デザイン展をサン＝トノレの自邸で開いて人びとを驚かせたことがある。イリブがあたえたインスピレーションである。その頃から二人の関係は次第に公然化していた。そして二人の婚約のうわさがたちはじめる……。

ポール・イリブは、シャネルと同じ一八八三年生まれ、本名ポール・イリバルヌガレ。バスク地方の出身で、バスク訛りで有名だった。ポール・イリブは自分でつけたペンネームである。モランの伝記はイリブに一章を割いている。そこでシャネルが語るイリブ評は、まるでシャネルの自己批評を聞いているようだ。

イリブがパリを発ってアメリカに行った頃からわたしの名は有名になりはじめた。大きくなってゆくわたしの名声が、消えゆく彼の栄光になおさら影をさした。本人は無自覚だけれど、一九三…年の帰国の頃から彼はわたしを愛したのよ。それは自分のコンプレックスから解放されるため、自分に拒まれているものに復讐を遂げるためだった。彼にとってわたしは、手に入らず支配できないパリそのものだったのよ。(……)彼はわたしを自分のものにして、遅すぎた復讐を遂げようともくろんだのだ。二人のどちらにとっても遅すぎた。だけど、コンプレックスという亡霊を追い払うためなら、遅すぎることは決してない。

イリブはバスク生まれの自分にコンプレックスを抱いていた。生まれ育ちにまつわるコンプレックスなら、シャネルほど聡い人間はいない。つまりイリブとシャネルは似たもの同士ではなかったのだろうか。自分の魂を読むように、シャネルはこの男の屈折した心が手にとるように読めたのだ……。とまれシャネルは五〇代になってようやくイリブとの結婚に人生の休息を見いだそうとしていた。

だが、南仏の別荘で落ちあったイリブは、突然テニスコートで倒れ、そのまま不帰の客となる。シャネルは自分の人生に禁じられた何かを感じずにはいられなかったことだろう。

時にシャネル五二歳。マン・レイによる有名なくわえタバコのポートレートはこの年に撮られたものである。いいがたいオーラを放つシャネルは三〇代にしか見えず、美貌の絶頂にいるかのようでさえある。

シャネルはふたたび一人になった。パリにはナチスの軍靴の音が迫り、ヨーロッパには暗雲が垂れこめていた。人民戦線が結成され、労働運動の波がパリを洗う。一九三六年、シャネルの店の従業員もストライキに突入した。三年後、第二次大戦が勃発し、シャネルはアクセサリーと香水部門をのこして従業員を全員解雇し、メゾンを閉めた。もはやドレスの時勢じゃない。彼女はそう考えたのだ。五六歳になっていた。

4　七〇歳でカムバック

沈黙の日々

それからの一四年間は、またしても沈黙のなかに埋もれている。少女時代のことと同じくらい、シャネルはこの時代のことも口をつぐんで語ろうとしない。

事実を簡潔に述べよう。

メゾンを閉めたその年、シャネルは美貌のドイツ人将校ハンス・フォン・ディンクラージと出会った。シャネルより一三歳年下で、イギリス人貴族を母にもつディンクラージは英仏独語に堪能だった。はたして彼がナチスの諜報員だったのかどうか、真相はわからない。占領下のパリ、閉ざされたシャネル・メゾンの上階の部屋は、三年間、二人のひそかな蜜月の場となった。

一九四五年、大戦が終結する。「ドイツ人の愛人」をもったシャネルは対独協力の嫌疑で軍の尋問を受けた。すぐに釈放された背景にはチャーチルの計らいがあったともいわれている。一説にはシャネルにスイス移住を勧めたのもチャーチルだったという。いずれにしろ、シャネルのスイス行きは事実上の亡命だった。

スイスでの隠棲はそれから八年に及ぶ。ずっとディンクラージと一緒だったのかどうかはわからない。シャネルは七〇歳に近づこうとしていた。

シャネルが語ろうとしないこのスイスの日々のなか、彼女と親しく言葉を交わした人物がいる。作家のポール・モランである。外交官のモランは対独協力政府のヴィシー政権下で外交官活動に従事した。大戦終結とともにド・ゴールにより罷免通告をうけ、ジュネーヴに亡命を余儀なくされる。一〇年に及ぶ亡命生活のなか、一九四六年の冬の数日間、シャネルがモランをサンモリッツのパレスホテルに招待したことがある。パリを遠く離れた地で再会した二人は、自分たちがその寵児だった美しき良き日々をふりかえって語りあった。そのときのシャネルの語りを「聞き書き」風にまとめた伝記が『シャネル——人生を語る』である。シャネルの死の五年後に出版された。

さよならはいわない

スイスの地で、シャネルはパリ復帰を考えていた。

モランのシャネル伝の最終章は「さよならはいわない」と題されている。シャネルは再起を決意して機をうかがっていたのだ。「シャネルは生まれてはじめて仕事にあぶれ、暇をもてあまして退屈していた」。モランの書きとめたシャネルの言葉には、端々に、復帰への闘志があふれている。一週間のあいだモランにむかって自分の半生を語り続けて、彼女は言う。「わたしの言葉は遺言じゃないわ」

そう、亡命の地で、シャネルは生きる欲望をたぎらせていた。「死ぬなんてまっぴらよ！　生きなくっちゃ！」そして、彼女にとって、生きるとは、仕事をするということだった。「いずれにしても、生きているうちは絶対休んだりする気はない」「わたしは偶然にクチュールにたずさわった。偶然に香水をつくった。今わたしは別のことをやりたい。何を？　わからない。今度も偶然が決めてくれると思う。準備は万端よ。長々とアデューなんて言わないわ。まだ何も考えていないけど、時が来たら、扉をたたく何かにすかさず飛びつくつもり」

このとき、すでにメゾンを閉めてから七年がたっている。人生の休息は十分すぎるほどだった。もういちどやりなおす決意をかためて、シャネルは時をうかがっていた。「人生がわかるのは、逆境の時よ」――シャネルの言葉は、どれをとっても決意の確かさがある。彼女は言う。「わたしは何をとっても不成功に終わった経験がない。やろうと思ったことは何から何まで成功させた」

だが、それからなお七年、シャネルはスイスにとどまることになる。

カムバック

一九五三年、ようやくパリに復帰したとき、シャネルは七〇歳になっていた。メゾンを再開するまで、実に一四年のブランクがあいていた。

翌一九五四年、復帰後第一回のコレクションはさんざんな不評に終わる。シャネルの再開したモードは一五年前と変らぬモードだった。だがパリは変っていた。戦後を迎え、クチュール界の新星ディオールの女らしいモードが花ひらいたところだった。ウェストを細くしめつけ、たっぷりとボリュームのあるスカートを波打たせたディオールのドレスは、シャネルが抹殺したあの「女らしさ」を再現するものだった。戦渦を忘れて「戦後」をエンジョイしたがった人びとに、ディオールのフェミナンなモードはアピールしたのである。ニュー・ルック。人びとはディオールのデザインをそう呼んでもてはやした。そうした華やかな雰囲気のなか、シャネルの名はほとんど忘れられていた。

そのシャネルが復帰する――モード界はどんな見ものかと待ちかまえた。そんななか、コレクションに登場したのは、昔と変わらぬシャネル・ファッションだった。タイトでもフレヤーでもないスカート。黒っぽく、派手なところのない、きっちりしたスーツ。その「夢のない」デザインは、戦後のパリの空気になじまなかった。かつてはあれほど新鮮であったものが、いまや流行遅れな感じをあたえた。

それからの一年間は、シャネルの人生のなかでも最もきびしい一年だったかもしれない。孤立のなか、不評を耐えて、もちこたえるほかなかった。

真っ先に評価の声をあげたのはアメリカである。アメリカでのシャネル人気はまさに不動だったのだ。バイヤーたちは結果を考えもせず、シャネルと聞いただけで購入を決めていた。そんなバイヤーたちの後を押すように、メディアが味方につく。コレクションの数カ月後、高級誌『ライフ』がシャネルの特集号を組んで、「シャネル・ルック」を紹介した。シャネルは以前と同じように売れていた。

アメリカでの評価を、パリのモード界が追認する。雑誌『ＥＬＬＥ』がシャネル特集を組んだ。しだいにシャネルのカムバックが認められ、シャネルはふたたびパリのモード界に大きな座を占める。

79歳のシャネル　Photo by Evening Standard/Hulton Archive/Getty Images

一五年もの長いブランクの後に、もういちどトップ・ブランドの輝きを放つこと——前例のないこの力業によって、シャネルの名は文字どおり不滅の伝説となった。映画スターから大統領夫人まで、世界のセレブたちが顧客リストに名をつらねる。マレーネ・デートリッヒ、ジャンヌ・モロー、ジャクリーン・ケネディ……だが、それらの顧客にもまして有名なのはココ・シャネルの名であった。

カムバックから一七年間。八七歳で息絶える日の前日まで、シャネルは働きつづけた。シャネル帝国の創始者として、最後まで雄雄しく、コレクションのアイディアから生地選びまで、すべてにわたってメゾンの指揮をとりつづけた。無から出発して人生の階段を駆けのぼり、一代でモードの帝国を築きあげたココ・シャネル。彼女の伝説は、今なお未聞のオーラを放って二一世紀の空に輝いている。

＊　＊　＊

カムバックしてからの一七年間、シャネルはメゾンの通り向かいのホテル・リッツの部屋を住まいにして、最後の日もそこで息をひきとった。こぢんまりしたその部屋は、そっけないほど簡素で、修道院のように四方を白い壁で囲まれていた。バスルームのほかには、ベッドがあるだけ。そう、それは「はたらく女」が寝るための部屋だった。いかなる意味でも「女」の部屋ではない……。その孤独な部屋で、シャネルは「シャネル」として死んだ。帝国の繁栄に一身を賭した、老いたる将軍のように。

あとがき

シャネルの言葉に出会ってから一五年、ようやく一冊すべての頁を彼女にあてたシャネル論が書けた。思いがけず最後にきて小説の大団円が書けたようなうれしさがある。

きっかけは、編集を担当していただいた井原圭子さんとの出会いだった。はじめてお会いしたとき、法学部卒でバリバリ硬派のキャリアの彼女は、シャネルのことなどほとんど何も知らなかったのだ——「またしても」シャネルを語ろうとは夢にも思っていなかったのに、彼女の無知と無関心を前にして、むくむくと啓蒙欲（？）が首をもたげてしまったのである。

「あなたのような硬派の人にこそ知ってもらいたいのよ、シャネルのすごみを。シャネルはね、なにしろ七〇歳でカムバックしたのよ！」。そんなふうに口走ったとき、すでに本書は始まっていた……。

「まえがき」にも記したとおり、シャネルのそのすごみは何より彼女の言葉に表われている。だから本書は一種の「シャネル語録」でもある。その語録のなかでも好きな言葉の一つに、「オリジナリティになんか惑わされては駄目」というのがあるが、この言葉はそのまま本書の方法ともなっている。下手なわたしのオリジナルな文章を連ねるよりも、シャネルの言葉を引用して、シャネル自身に語らせたかった。

それらの引用のなかで圧倒的に多いのは、ポール・モラン『シャネル――人生を語る』（拙訳、中公文庫、二〇〇七年）からのものである。半年前に三〇年ぶりの新訳をだしたので存分に引用させていただいた。引用出典のないものはすべてこの本からの引用である。

それ以外の引用については、初出に出典を明記した。ただし、前後の文脈や用字用語などの理由により、訳文の一部を変更させていただいたり、原書から直接訳出させていただいた箇所もある。この場を借りて訳者の方々にお断りと御礼を申し上げたい。

こうして引いたシャネルの言葉の数々がみごと読者のこころを射抜いたら、著者としてこれ以上の幸せはない。

二〇〇八年二月

山田登世子

解説

鹿島 茂

アンドレ・マルローは「二十世紀のフランスで残るのは、ド・ゴールとピカソ、それにシャネルだ」と断言したが、「では、一人だけ残るとしたら、それは誰？」と追撃してマルローに問うたら、熟考したあげく、「シャネルだろう」と答えたのではないだろうか？

なぜなら、二十世紀を「革命の世紀」と定義した場合、語の厳密な意味での革命、つまり百八十度の価値転倒を遂行したのは、ド・ゴールでもなくピカソでもなく、やはりシャネルであると考えるほかないからだ。シャネルこそは「全身革命家」なのである。

しからば、なにゆえにシャネルだけが「全身革命家」の名に値するのだろうか？

その答えが書いてあるのが本書である。

本書は、『新約聖書』、『論語』、『コーラン』と同じように、革命家にして予言者でもあるシャネルの本質を表した言葉を拾った『語録』であると同時に、シャネルがいかに革命家として凄いのかを説き広めようと試みた『伝道の書』でもあるのだ。

というわけで、まずは、著者自身の訳によるシャネルの『語録』から、シャネル革命の第一原則となる言葉を引いてみよう。

「いったいなぜわたしはモードの革命家になったのかと考えることがある。自分の好きなものをつくるためではなかった。何よりもまず、自分が嫌いなものを流行遅れにするためだった。わたしは自分の才能を爆弾に使ったのだ。わたしには本質的な批評精神があり、批評眼がある。ジュール・ルナールが「わたしには確かな嫌悪感がある」と言っていたあれね」

私も何度か引用したことのある決定的な言葉で、この言葉の迫力に匹敵するのは『新約聖書　マタイ伝』の「地上に平和をもたらすために、わたしが来たと思うな。平和ではなく、つるぎを投げ込むためにきたのである」くらいしか思いつかない。

著者はこの言葉の根源性を直感的に理解していた。その証拠に、これをシャネル第一原則としている。しかし、これが第一原則である理由それ自体について述べてはいない。

私もどうしてもこれが理解できなかったのだが、最近、必要あってピエール・ブルデューの『ディスタンクシオン』を読み返したら、そこには理由がちゃんと書いてあったのである。

ブルデュー曰く、あるものが好きか嫌いかという「好み＝趣味（グー）」は、「支配階級という場を舞台としてくりひろげられる競争において、最も重要な争点をなすもののひとつである」。つまり、どれほどの金持ちであろうと、またどれほどのインテリであろうと、「あいつは趣味が悪い」といわれたら、それで最後というぐらいには「好み＝趣味」は決定的な要素なのだが、じつは、だれもそのことに気づいていない。

　なぜかといえば、だれもが「好み＝趣味」は自分という個人に属する個別的なものであり、自分が決めていると信じているのだが、本当は違うからだ。「好み＝趣味」は、ひとつの集団の無意識によってあらかじめ決定されているのだ。

これがブルデューが『ディスタンクシオン』で解明したことである。ブルデューは身体的行動や感受性と結びついたこの集団の無意識をハビトゥスと呼び、そのハビトゥスは総資本量（経済資本プラス文化資本）を縦軸、資本構造（経済資本と文化資本の割合）を横軸とする座標上の位置にある社会的地位によってすでに決定されているとした。

たとえば、大貴族や大ブルジョワは経済資本（お金）も文化資本（知識・教養・学歴）も親から莫大なものを受け継いでいるから、そのハビトゥスはおのずから装飾過剰のものになる。いっぽう、大学教授やインテリ文化人は経済資本は少ないが文化資本は大きいから、ハビトゥスも自動的に地味でハイブラウなものになる。これに対し、経済資本は大きいが文化資本のほとんどない成り金のハビトゥスは必然的に装飾が異常なまでに過剰な趣味の悪いものになる。最後に、経済資本も文化資本もほとんどない下層民衆、さらには、その中間的なプチブル階級などの集団においては、その資本量の欠乏に見合ったものにならざるをえない。

こうした差異（ディスタンクシオン）は味覚から始まって好きな音楽、さらには好みの車、モードまですべて、ハビトゥスの命ずるままに自動的に選択されているのである、云々。

では、父親に見捨てられ、十二歳で孤児となり、オバジーヌのシトー会修道院で子供時代を過ごさなければならなかったシャネルのハビトゥスはどのようなものだったのだろうか？

経済資本ゼロ、文化資本ゼロ。つまり絶対的なゼロ・ゼロ資本から出発せざるを得ないハビトゥスである。

このゼロ・ゼロ・ハビトゥスから生まれる「好み＝趣味」について、ブルデューはこれを「必要趣味」と呼んでいる。それしか手に入らないので、その究極的に切り詰められた必要を「いやいや」受け入れるだけでなく、それを自分の「好み」としてむしろ積極的に肯定するに至るのだ。シャネル自身がこの「必要趣味」をはっきりと告白している。

「あれから歳月がたち、今になってようやくわかる。厳粛な地味めの色が好きなのも、自然界にある色を大事にしたがるのも、アルパカ製の夏服や羊毛（チュビオット）製の冬服が修道服みたいな裁断になっているのも、みなモン＝ドールの田舎から来ているのだということが」

しからば、ゼロ・ゼロ・ハビトゥスからは常にシャネルのような「好み＝趣味」が生まれるのかといえば、必ずしもそうではない。むしろ、俗悪な「好み＝趣味」を生み出してしまうことが少なくないのだ。

では、シャネルのハビトゥスはゼロ・ゼロでありながら、いったいどこが違っていたのだろうか？

それは、「祈りと労働」を説いて、激しい禁欲の中に倫理と美意識の根源を見いだしていたシトー会という修道会のハビトゥスが多分に関係している。つまり、同じゼロ・ゼロであってもそのゼロ・ゼロはシトー会という当時の上流階級出身の超インテリ集団が禁欲的モラルによって意識的に選択したゼロ・ゼロ・ハビトゥス、換言すれば、贅沢限りないゼロ・ゼロ・ハビトゥスであったのだ。この、ある意味、贅沢極まりないゼロ・ゼロ・ハビトゥスこそがシャネルという奇跡をつくりだしたのである。

「わたしにとっての贅沢といえば、昔から変わらず続いているものだ。「歳月に磨かれた」オーヴェルニュ地方の立派な家具、どっしりと重たくて地味な木、紫がかった桜の木、艶出しで磨かれて黒光りしている梨の木（…）わたしは貧しい子供時代をおくったと思いこんでいたのに、実はそれこそ贅沢なのだと気づいたのだ。オーヴェルニュでは、すべてが本物で、大きかった」

ところで、シャネルがオーヴェルニュのシトー会で身体を介して獲得したこうしたハビトゥスには、ひとつの大きな転換器のようなものが仕込まれていた。それは「好み＝趣味（グー）」を嫌悪（デグー）に転ずる転換器である。ブルデューはこう述べている。

「趣味に関しては、他のいかなる場合にもまして、あらゆる規定はすなわち否定である。そして趣味 goûts とはおそらく、何よりもまず嫌悪 dégoûts なのだ。つまり他の趣味、他人の趣味にたいする、厭わしさや内臓的な耐えがたさの反応（「吐きそうだ」などといった反応）なのである」（『ディスタンクシオン』石井洋二郎訳　藤原書店）

これは、冒頭に配したシャネルの言葉「何よりもまず、自分が嫌いなものを流行遅れにするため」を参照してから書かれたテクストではないかと思いたくなる。そう、シャネルのゼロ・ゼロ・ハビトゥスから演繹された「抑制の美学」という趣味は、「嫌悪 dégoûts」「つまり他の趣味、他人の趣味にたいする、厭わしさや内臓的な耐えがたさの反応」から来ているのである。

シャネルは、この「嫌悪 dégoûts」を原点にして、ありとあらゆる「他の趣味、他人の趣味」、とりわけ大貴族・大ブルジョワの装飾的な贅沢趣味をことごとく殺戮していき、ついに十九世紀的な価値と趣味観を完全に転倒させて二十世紀的価値観を生み出すという、文字通りの「革命」を成し遂げたのだ。

本書の偉大さは、シャネルの本質は嫌悪の精神にあると直感的に見抜き、その他のシャネルのさまざまな特性はすべてこの一点から必然的に演繹されたものであることを見事証明してみせたことにある。

本書は、山田登世子の紛れもない最高傑作であると言っていい。

（かしま・しげる）

シャネルをもっと知りたい人のための文献案内

ジャネット・ウォラク『シャネル――スタイルと人生』中野香織訳、文化出版局、二〇〇二年
海野弘『ココ・シャネルの星座』中公文庫、一九九二年
モーリス・サックス『屋根の上の牡牛の時代』岩崎力訳、リブロポート、一九九四年
エドモンド・シャルル＝ルー『シャネル――ザ・ファッション』榊原晃三訳、新潮社、一九八〇年
――『シャネルの生涯とその時代』秦早穂子訳、鎌倉書房、一九九〇年
ブリュノ・デュ・ロゼル『20世紀モード史』西村愛子訳、平凡社、一九九五年
成実弘至『20世紀ファッションの文化史――時代をつくった10人』河出書房新社、二〇〇七年
マルセル・ヘードリッヒ『ココ・シャネルの秘密』山中啓子訳、ハヤカワ文庫、一九九五年
ダニエル・ボット『ＣＨＡＮＥＬ』高橋真理子訳、講談社、二〇〇七年
リルー・マルカン『カンボン通りのシャネル』村上香住子訳、マガジンハウス、一九九一年
ポール・モラン『シャネル――人生を語る』山田登世子訳、中公文庫、二〇〇七年
山口昌子『シャネルの真実』人文書院、二〇〇二年
山田登世子『晶子とシャネル』勁草書房、二〇〇六年
――『モードの帝国』ちくま学芸文庫、二〇〇六年
――『ブランドの条件』岩波新書、二〇〇六年

	交友関係	世界・世相
		ダイムラー、ガソリンエンジン開発へ
		リュミエール兄弟、シネマトグラフ上映
		パリ万博　メトロ開通　第2回オリンピック
	エチエンヌ・バルサンと出会う。 ポワレ、メゾン開店	第1回トゥール・ド・フランス
		アメリカでT型フォード発売
	アーサー・カペルと出会う	『ヴォーグ』月刊に
		プルースト『失われた時を求めて』
		アインシュタイン、相対性理論
	ミシア・セールと出会う	ロシア革命
	ボーイ・カペル、自動車事故死	ヴェルサイユ条約調印
	ディアギレフと知りあう。ドミトリイ大公と出会う	全米で働く女性が850万人へ
	ポール・モランと知りあう	芸術バー「屋根の上の牡牛」開店
		『ギャルソンヌ』ベストセラー小説に
	ウェストミンスター公爵と出会う	ラディゲ『肉体の悪魔』
		ブルトン『シュルレアリスム宣言』
		ジョゼフィン・ベーカーのダンスが流行
		フィラデルフィア万博
	ディアギレフ没	世界大恐慌
	ポール・イリブと出会う	パリ植民地万博
		ナチス第一党へ
		ヒトラー、ドイツ総統へ
	イリブ、南仏の別荘で急死	
		人民戦線内閣
		パリ万博
	ドイツ人将校ディンクラージと知りあう	第二次世界大戦勃発
		パリ解放
		第二次世界大戦終結
	サンモリッツのホテルにモランを招く	
		ディオール、ニュー・ルック
		サルトル、実存主義
		アルジェリア戦争
		ド・ゴール内閣　ブリュッセル万博
		大阪万博

シャネル略年譜

ポール・モラン『シャネル——人生を語る』

(山田登世子訳、中公文庫) より抜粋

西暦	年齢	キャリアの軌跡
1883		8月19日、オーヴェルニュ地方ソミュールに生まれる
1895	12歳	母死亡。オバジーヌの修道院に入る
1900	17歳	妹と共にムーランの寄宿舎へ
1903	20歳	
1908	25歳	パリ、マルゼルブ通り160番地に帽子店を開く
1909	26歳	
1910	27歳	カンボン通り21番地に帽子店を開く
1913	30歳	ドーヴィルに出店
1915	32歳	ジャージーを生地に使いはじめる
1916	33歳	ビアリッツに出店。『ハーパーズ・バザー』、初めてシャネルの服を掲載
1917	34歳	
1919	36歳	カンボン通り31番地に店を移す
1920	37歳	セール夫妻とイタリア旅行
1921	38歳	香水No. 5発売
1922	39歳	コクトー「アンチゴーネ」の衣装担当、舞台装置はピカソ
1923	40歳	
1924	41歳	香水会社設立。オペラ風バレエ「青列車」の衣装担当
1925	42歳	パリ国際アール・デコ展に出品
1926	43歳	『ヴォーグ』、リトル・ブラック・ドレスを掲載
1928	45歳	ツィードのスーツを発表。南仏に別荘ラ・ポーザ荘を建てる
1929	46歳	ショルダーバッグ考案
1931	48歳	ハリウッドに招かれて映画スターの衣装を作成
1932	49歳	サン＝トノレの自宅でダイヤモンド・ジュエリー展
1934	51歳	ホテル・リッツに居を移す
1935	52歳	
1936	53歳	シャネル店、ストライキに突入
1937	54歳	コクトーの舞台劇「オイディプス」の衣装作成
1939	56歳	従業員を解雇し、アクセサリーと香水部門を残して店を閉じる
1944	61歳	対独協力の疑いで尋問をうけるがすぐに釈放
1945	62歳	スイスに移住
1946	63歳	
1947	64歳	
1953	70歳	復帰を決意してパリにもどる
1954	71歳	復帰後第1回コレクション。『ライフ』3月号シャネル特集
1955	72歳	マトラッセのショルダーバッグを発売
1958	75歳	オートクチュール協会を脱会
1970	87歳	香水No.19発売
1971	87歳	1月10日、ホテルリッツにて急逝。マドレーヌ寺院にて葬儀。 スイス・ローザンヌの墓地に埋葬

本書は二〇〇八年、朝日新書として刊行されました。
『シャネル　最強ブランドの秘密』朝日新聞社、二〇〇八年三月刊
文庫化にあたり、改題と修正を加えています。

沈黙博物館　小川洋子

「形見じゃ」老婆は言った。死の完結を阻止するために形見が盗まれる。死者が残した断片をめぐるやさしくスリリングな物語。（堀江敏幸）

星間商事株式会社社史編纂室　三浦しをん

二九歳「腐女子」川田幸代、社史編纂室所属。恋の行方も友情の行方も五里霧中。仲間と共に「同人誌」を武器に社の秘められた過去に挑む!?（金田淳子）

つむじ風食堂の夜　吉田篤弘

それは、笑いのこぼれる夜。――食堂は、十字路の角にぽつんとひとつ灯をともしていた。クラフト・エヴィング商會の物語作家による長篇小説。

通天閣　西加奈子

このしょーもない世の中に、救いようのない人生に、ちょっぴり暖かい灯を点す驚きと感動の物語。第24回織田作之助賞大賞受賞作。（津村記久子）

この話、続けてもいいですか。　西加奈子

ミッキーこと西加奈子の目を通すと世界はワクワク、ドキドキ輝く。いろんな人、出来事、体験がてんこ盛りの豪華エッセイ集！（中島たい子）

君は永遠にそいつらより若い　津村記久子

22歳処女。いや「女の童貞」と呼んでほしい――。日常の底に潜むうっすらとした悪意を独特の筆致で描く。第21回太宰治賞受賞作。（松浦理英子）

アレグリアとは仕事はできない　津村記久子

彼女はどうしようもない性悪だった。すぐ休み単純労働をバカにし男性社員に媚を売る。大型コピー機とミノベとの仁義なき戦い！（千野帽子）

まともな家の子供はいない　津村記久子

セキコには居場所がなかった。うちには父親がいる。うざい母親、テキトーな妹。まともな家なんてどこにもない！　中3女子、怒りの物語。（岩宮恵子）

こちらあみ子　今村夏子

あみ子の純粋な行動が周囲の人々を否応なく変えていく。第26回太宰治賞、第24回三島由紀夫賞受賞作。書き下ろし「チズさん」収録。（町田康／穂村弘）

さようなら、オレンジ　岩城けい

オーストラリアに流れ着いた難民サリマ。言葉も不自由な彼女が、新しい生活を切り拓いてゆく。第29回太宰治賞受賞・第150回芥川賞候補作。（小野正嗣）

冠・婚・葬・祭　中島京子
人生の節目に、起こったこと、出会ったひと、考えたこと。冠婚葬祭を切り口に、鮮やかな人生模様が描かれる。第143回直木賞作家の代表作。（瀧井朝世）

とりつくしま　東直子
死んだ人に「とりつくしま係」が言う。モノになってこの世に戻れますよ。妻は夫のカップに弟子は先生の扇子になった。連作短篇集。（大竹昭子）

虹色と幸運　柴崎友香
珠子、かおり、夏美。三〇代になった三人が、人に会い、おしゃべりし、いろいろ思う一年間。移りゆく季節の中で、日常の細部が輝く傑作。（江南亜美子）

星か獣になる季節　最果タヒ
推しの地下アイドルが殺人容疑で逮捕⁉ 僕は同級生のイケメン森下と真相を探るが――。歪んだピュアネスが傷だらけで疾走する新世代の青春小説！

ピスタチオ　梨木香歩
棚（たな）がアフリカを訪れたのは本当に偶然だったのか。不思議な出来事の連鎖から、水と生命の壮大な物語「ピスタチオ」が生まれる。（管啓次郎）

図書館の神様　瀬尾まいこ
赴任した高校で思いがけず文芸部顧問になってしまった清（きよ）。そこでの出会いが、その後の人生を変えてゆく。鮮やかな青春小説。（山本幸久）

マイマイ新子　髙樹のぶ子
昭和30年山口県国衙。きょうも新子は妹や友達と元気いっぱい。戦争の傷を負った大人、変わりゆく時代、その懐かしく切ない日々を描く。（片渕須直）

話虫干　小路幸也
夏目漱石「こころ」の内容が書き変えられた！ それは話虫の仕業。新人図書館員が話の世界に入り込み、「こころ」をもとの世界に戻そうとするが……。

包帯クラブ　天童荒太
傷ついた少年少女達は、戦わないかたちで自分達の大切なものを守ることにした。生きがたいと感じるすべての人に贈る長篇小説。大幅加筆して文庫化。

うれしい悲鳴をあげてくれ　いしわたり淳治
作詞家、音楽プロデューサーとして活躍する著者の小説＆エッセイ集。彼が「言葉」を紡ぐと誰もが楽しめる「物語」が生まれる。（鈴木おさむ）

命売ります　三島由紀夫

自殺に失敗し、「命売ります。お好きな目的にお使い下さい」という突飛な広告を出した男のもとに、現われたのは？（種村季弘）

三島由紀夫レター教室　三島由紀夫

五人の登場人物が巻き起こす様々な出来事を手紙で綴る。恋の告白・借金の申し込み・見舞状等、一風変ったユニークな文例集。（群ようこ）

コーヒーと恋愛　獅子文六

恋愛は甘くてほろ苦い。とある男女が巻き起こす恋模様をコミカルに描く昭和の傑作が、現代の「東京」によみがえる。（曽我部恵一）

七時間半　獅子文六

東京—大阪間が七時間半かかっていた昭和30年代、特急「ちどり」を舞台に乗務員とお客たちのドタバタ劇を描く隠れた名作が遂に甦る。（千野帽子）

悦ちゃん　獅子文六

ちょっぴりおませな女の子、悦ちゃんがのんびり屋の父親の再婚話をめぐって東京中を奔走するユーモアと愛情に満ちた物語。初期の代表作。（窪美澄）

笛ふき天女　岩田幸子

旧藩主の息女に生まれ松方財閥に嫁ぎ、四十歳で作家獅子文六と再婚。夫、文六の想い出と天女のような純真さで爽やかに生きた女性の半生を語る。

青空娘　源氏鶏太

主人公の少女、有子が不遇な境遇から幾多の困難にぶつかりながらも健気にそれを乗り越え希望を手にする日本版シンデレラ・ストーリー。（山内マリコ）

最高殊勲夫人　源氏鶏太

野々宮杏子と三原三郎は家族から勝手な結婚話を迫られるも協力してそれを回避する。しかし徐々に惹かれ合うお互いの本当の気持ちは……。（千野帽子）

カレーライスの唄　阿川弘之

会社が倒産した！　どうしよう。美味しいカレーライスの店を始めよう。若い男女の恋と失業と起業の奮闘記。昭和娯楽小説の傑作。（平松洋子）

せどり男爵数奇譚　梶山季之

せどり＝掘り出し物の古書を安く買って高く転売することを業とすること。古書の世界に魅入られた人々を描く傑作ミステリー。（永江朗）

飛田ホテル　黒岩重吾

刑期を終えたやくざ者に起きた妻の失踪を追う表題作など、大阪のどん底で交わる男女の情と性。直木賞作家の傑作ミステリ短篇集。（難波利三）

あるフィルムの背景　結城昌治　日下三蔵編

普通の人間が起こす歪んだ事件、そこに至る絶望を描き、思いもよらない結末を鮮やかに提示する。昭和ミステリの名手、オリジナル短篇集。

赤い猫　仁木悦子　日下三蔵編

爽やかなユーモアと本格推理、そしてほろ苦さを少々。日本推理作家協会賞受賞の表題作ほか〈日本のクリスティー〉の魅力をたっぷり堪能できる傑作選。

兄のトランク　宮沢清六

兄・宮沢賢治の生と死をそのかたわらでみつめ、兄の死後も烈しい空襲や散佚から遺稿類を守りぬいてきた実弟が綴る、初のエッセイ集。

落穂拾い・犬の生活　小山清

明治の匂いの残る浅草に育ち、純粋無比の作品を遺して短い生涯を終えた小山清。いまなお新しい、清らかな祈りのような作品集。（三上延）

真鍋博のプラネタリウム　真鍋博　星新一

名コンビ真鍋博と星新一。二人の最初の作品『おーい　でてこーい』他、星作品に描かれた挿絵と小説冒頭をまとめた幻の作品集。（真鍋真）

熊撃ち　吉村昭

人を襲う熊、熊をじっと狙う熊撃ち。大自然のなかで、実際に起きた七つの事件を題材に、孤独で忍耐強い熊撃ちの生きざまを描く。

川三部作
泥の河／螢川／道頓堀川　宮本輝

太宰賞「泥の河」、芥川賞「螢川」、そして「道頓堀川」と、川を背景に独自の抒情をこめて創出した、宮本文学の原点をなす三部作。

私小説
from left to right　水村美苗

12歳で渡米し滞在20年目を迎えた「美苗」。アメリカにも溶け込めず、今の日本にも違和感を覚え……。本邦初の横書きバイリンガル小説。

ラピスラズリ　山尾悠子

言葉の海が紡ぎだす、〈冬眠者〉と人形と、春の目覚めの物語。不世出の幻想小説家が20年の沈黙を破り発表した連作長篇。補筆改訂版。（千野帽子）

遠い朝の本たち 須賀敦子

一人の少女が成長する過程で出会い、愛しんだ文学作品の数々を、記憶に深く残る人びととの想い出とともに描くエッセイ。（末盛千枝子）

おいしいおはなし 高峰秀子編

向田邦子、幸田文、山田風太郎……著名人23人の美味な思い出。文学や芸術にも造詣が深かった往年の大女優・高峰秀子が厳選した珠玉のアンソロジー。

るきさん 高野文子

のんびりしていてマイペース、だけどどっかヘンテコな、るきさんの日常生活って？ 独特な色使いが光るオールカラー。ポケットに一冊どうぞ。

それなりに生きている 群ようこ

日当たりの良い場所を目指して仲間を蹴落とすカメ、迷子札をつけているネコ、自己管理している犬。文庫化に際し、二篇を追加して贈る動物エッセイ。

うつくしく、やさしく、おろかなり 杉浦日向子

生きることを楽しもうとしていた江戸人たち。彼らの紡ぎ出した文化にとことん惚れ込んだ著者がその思いの丈を綴った最後のラブレター。（松田哲夫）

ねにもつタイプ 岸本佐知子

何となく気になることにこだわる、ねにもつ。思索、奇想、妄想はばたく脳内ワールドをリズミカルな名短文でつづる。第23回講談社エッセイ賞受賞。

回転ドアは、順番に 穂村弘 東直子

ある春の日に出会い、そして別れるまで。気鋭の歌人ふたりが、見つめ合い呼吸をはかりつつ投げ合う、スリリングな恋愛問答歌。（金原瑞人）

絶叫委員会 穂村弘

町には、偶然生まれては消えてゆく無数の詩が溢れている。不合理でナンセンスで真剣だからこそ可笑しい、天使的な言葉たちへの考察。（南伸坊）

杏のふむふむ 杏

連続テレビ小説「ごちそうさん」で国民的な女優となった杏が、それまでの人生を、人との出会いをテーマに描いたエッセイ集。（村上春樹）

月刊佐藤純子 佐藤ジュンコ

注目のイラストレーター（元書店員）のマンガエッセイが大増量してまさかの文庫化！ 仙台の街や友人との日常を描く独特のゆるふわ感はクセになる！

品切れの際はご容赦ください

ちくま文庫

シャネル――その言葉《ことば》と仕《し》事《ごと》の秘《ひ》密《みつ》

二〇二一年三月十日　第一刷発行

著者　山田登世子（やまだ・とよこ）
発行者　喜入冬子
発行所　株式会社　筑摩書房
東京都台東区蔵前二―五―三　〒一一一―八七五五
電話番号　〇三―五六八七―二六〇一（代表）
装幀者　安野光雅
印刷所　明和印刷株式会社
製本所　株式会社積信堂

ISBN978-4-480-43722-8 C0177